Klaus-Peter Merta

Uniformen der Armee Friedrich Wilhelms III.

Friedrich Wilhelm III. in der Uniform vom I. Bataillon Leibgarde (No. 15¹), Gemälde von Böttner 1799

Klaus-Peter Merta

Uniformen der Armee Friedrich Wilhelms III.

Aufnahmen von Jean Molitor

Brandenburgisches

Verlagshaus

Aufnahmen von J. Molitor
nach einem sich in Privatbesitz befindenden Original
Einband: Eskadronchef bzw. Stabsoffizier
und Subalternoffizier, Husaren-Regiment H 2 in Gala-Uniform

Klaus-Peter Merta: Uniformen der Armee Friedrich Wilhelms III.
von Klaus-Peter Merta und Jean Molitor – 1. Aufl. – Berlin:
Brandenburg. Verl.-Haus, 1993. – 144 S., 80 Abb.

ISBN 3-89488-018-x

1. Auflage
© Brandenburgisches Verlagshaus, Berlin 1993
Printed in Germany
Gesamtgestaltung und Produktion: Günter Hennersdorf
Zeichnungen: Fritz-Günther Melzner
Satz: Offizin Andersen Nexö Leipzig GmbH
Reproduktionen: Reprocolor Leipzig
Druck und Buchbinderei: Chemnitzer Verlag und Druck GmbH, Werk Zwickau

Inhalt

Vorbemerkung

Armeeuniformen sind nicht allein Spiegelbild von rein militärischem und praktischem, sondern immer auch von sie angehenden politischen und wirtschaftlichen Umständen der betreffenden Zeit. Schnitt, Farbgebung und Ausstattung bestimmen sowohl ihr Aussehen als auch ihren praktischen Wert. Aber neben dieser funktionalen Komponente haben Uniformen stets auch eine symbolische. Denn durch das Anlegen der Montur wird zugleich die Staatsmacht nach außen repräsentiert und dokumentiert. Sie betreffende Änderungen und Neuerungen resultieren meist nicht allein aus Erfahrungen der militärischen Praxis, sondern auch aus politischen, wirtschaftlichen und Belangen der Mode.

Das ausgehende 18. Jahrhundert war durch weitreichende gesellschaftliche Veränderungen gekennzeichnet. Die Französische Revolution von 1789 strahlte mit ihren Folgen und Ergebnissen nahezu auf alle Länder aus. Ihre Auswirkungen tangierten alle Bereiche des Lebens, besonders jedoch das Denken und Handeln der Menschen, vor allem dasjenige der Politiker.

Auch das friderizianisch geprägte Preußen blieb von diesen Veränderungen und Entwicklungen nicht verschont. Die Großmachtstellung Preußens nötigte seine Repräsentanten, König Friedrich Wilhelm II., der auf Friedrich II. gefolgt war, wie auch den Kronprinzen, die Zeichen der Zeit zur Kenntnis zu nehmen und sich auf das Neue einzustellen. Damit bekam es insbesondere Friedrich Wilhelm III. zu tun, der am 16. November 1797 den Thron bestieg. Schickte sich doch in jenen Jahren Frankreich an, sowohl außenpolitisch als auch militärisch expansiv gegen andere europäische Länder vorzugehen. Zustand und Leistungsfähigkeit der Armee hingen derzeit mehr denn je von den inneren Verhältnissen des Staates und der Person des Königs, aber auch von den allgemein sich vollziehenden gesellschaftlichen Veränderungen ab. In diesem Rahmen spielten sich auch die von König Friedrich Wilhelm III. in seinen ersten Regierungsjahren eingeleiteten Veränderungen der Uniformierung des preußischen Heeres ab.

Vorangestellt ist der vorliegenden Schrift eine kurz gefaßte Charakteristik des preußischen Staates und seines Königs um die Wende vom 18. zum 19. Jahrhundert. Dann wird ein Einblick in den Aufbau, die Struktur und die inneren Verhältnisse der preußischen Armee zu dieser Zeit gegeben. Im Hauptteil wird schließlich die schrittweise Neuuniformierung[1] dieser Armee behandelt. Anhand einer Auswahl von 76 etwa um ¼ vergrößerten Bildtafeln aus dem zeitgenössischen Werk «Abbildungen von allen Uniformen der Königl. Preuß. Armee unter der Regierung Sr. Majestaet Friedrich Wilhelm III.» wird das Kleid der Waffengattungen, Einzelformationen und Chargen wie auch das Neue an ihren Monturen vorgeführt. Dabei wird der Präsentation der Infanterieuniformen besonderes Augenmerk geschenkt, deren Ausstattung mit Besätzen sich im Vergleich mit der friderizianischen Zeit merklich geändert hatte. Tabellarische Übersichten, aus denen im Vergleich der Jahre 1760, 1787, 1798 und 1806 Veränderungen in der Farbgebung der Abzeichen und Unterkleider sowie in der Verteilung der Besatzmuster ersichtlich sind, bilden den Abschluß des uniformkundlichen Teils dieser Publikation.

Berlin, Januar 1993   *Der Verfasser*

Staat und König

Der preußische Staat hatte am ausgehenden 18.Jahrhundert im Großen und Ganzen noch jene Gestalt, die ihm König Friedrich Wilhelm I. (regierte von 1713 bis 1740) gegeben und über Jahrzehnte ausgeprägt hatte. Er hatte auch nach dem Tode des großen Königs im Jahre 1786 nichts vom friderizianischen Geist, verklärt durch den Ruhm und die Macht, die drei Schlesische Kriege diesem Staat brachten, eingebüßt. Die innere Verfassung des Landes schien in Ordnung zu sein. Nach außen galt Preußen als Großmacht, die sich auf eine der besten Armeen Europas stützen konnte. Von allen Ländern wurde die absolute Herrschaft des Königs am ausgeprägtesten aber auch effektivsten gehandhabt. Doch die Zeiten hatten sich infolge der Französischen Revolution und ihrer Auswirkungen gravierend verändert. Politik und auch soziale Belange erforderten in den absolutistischen Ländern ein grundlegendes Umdenken der Regierenden und Herrschenden.

Die staatliche Verwaltung und das Justizwesen, die Wirtschafts- und die Außenpolitik[2] wie die Heeresverwaltung wurden noch so gehandhabt, wie es schon Friedrich II. tat. Sie waren noch immer auf die Denk- und Arbeitsweise dieses Königs zugeschnitten. Dank der neuen und frischen Verwaltungsstrukturen, die sein Vater vor 1740 geschaffen hatte, funktionierte der preußische Staat um die Mitte des Jahrhunderts vorbildlich. Die geistig rege und intelligente, wie auch äußerst arbeitsame Persönlichkeit Friedrichs II. bildete wie schon bei der seines Vaters die Garantie für das Intaktsein des Staates. Eine solche Garantie war nach dem Tode dieses Königs nicht mehr gegeben. Hinzu kam, daß grundlegende Reformen im bürgerlichen Sinne angesagt und im Vergleich zur Mitte des zu Ende gehenden Jahrhunderts die staatspolitischen Aufgaben weitaus differenzierter waren. Die Fläche des Territoriums wie auch die Bevölkerungszahl Preußens hatten sich verdoppelt, so daß sich das Land nicht mehr durch eine Person, die alles in der Hand hatte, kontrollieren und führen ließ. Die überkommenen Methoden und Strukturen der Staatsführung führten zwangsläufig zur Stagnation. Jeder Versuch auch nur einer Besserung der immer offenkundiger werdenden Gebrechen stieß auf den Widerstand der Repräsentanten des alten Regimes. Der preußische Staat ließ, so aufgeklärt er auch war, im Rahmen der festgelegten Ordnung keine wesentlichen, den politischen, wirtschaftlichen, sozialen und geistigen Anforderungen der Zeit entsprechenden Veränderungen mehr zu. Außerdem ging es nicht mehr um eine Verbesserung dieser oder jener Einrichtung, sondern um tiefgreifende Umwandlungen, die dem sich bahnbrechenden bürgerlichen Zeitalter mit allen seinen Erfordernissen entsprachen. Verständlicherweise stieß alles, was in diese Richtung ging, auf die Kritik und den Widerstand der Mehrzahl der adligen Grundbesitzer; denn von diesen wurde nicht weniger verlangt, als sich vom über Jahrhunderte angestammten Recht und Besitz zu trennen. Ebensolang in diesem Sinne geübte Denk- und Verhaltensweisen schlossen ein Umdenken von vornherein aus. Die Brutalität und die Willkür, womit in Frankreich während der verschiedenen Etappen der Revolution und während der folgenden Koalitionskriege vorgegangen wurde, mußten den europäischen Adel abstoßen und diesem jegliche Reformen, selbst wenn sie zum Erhalt des preußischen Staates noch so notwendig waren, äußerst fragwürdig erscheinen lassen. In Preußen gab es durchaus eine nicht geringe Zahl von Persönlichkeiten, vor allem aus adligen Kreisen, die die Mängel des derzeitigen Staatswesens erkannten. Bis zu einem gewissen Grade ist zu diesen zweifelsohne auch der am 3. April 1770 geborene Kronprinz (bis 1786 noch Prinz) Friedrich Wilhelm zu zählen. Inwieweit solche Erkenntnisse praktische Folgen hatten, war bei diesen Personen sehr unterschiedlich. «Obwohl es in Preußen bereits vor 1806 zahlreiche Ansätze zur Modernisierung von Staat und Wirtschaft gab, konnten sich die Reformkräfte erst nach dem offensichtlichen Bankrott des Ancien régime durchsetzen. Daß das Heerwesen erneuert werden mußte, lag auf der Hand. Der enge Zusammenhang von Militärsystem und gutsherrlicher Agrarverfassung hatte bisher eine grundlegende Reform sowohl des einen als auch der anderen verhindert.»[3] Entsprechend der dominierenden Rolle des Heeres im Staatsgefüge sowie der Ausrichtung von Wirtschaft und Verwaltung auf seine Belange erscheinen einige Bemerkungen zu den Agrarverhältnissen angebracht.

Abgesehen von der zersplitterten Verteilung des Territoriums war in den fünfzehn Provinzen durchaus nicht alles einheitlich geregelt. Unter ihnen bestanden zum Teil erhebliche Entwicklungsunterschiede. Sieht man von der Tuch- und Textilherstellung und etwas Bergbau ab, erwirtschafteten die Bauern den Reichtum des Landes. Preußen war ein Agrarland. Der Agrarfrage und somit der Lage der Bauern kam eine besondere Rolle zu. Nach den polnischen Teilungen von 1792 und 1795 umfaßte das Land eine Fläche von 305 000 Quadratkilometern. Am Ende des 18. Jahrhunderts lebten von rund 8,7 Millionen[4] Menschen 80 Prozent von diesen auf dem Lande oder bestritten ihren Lebensunterhalt durch Verrichtung landwirtschaftlicher Arbeiten. Die erbuntertänigen Zustände, unter denen die überwiegende Zahl der Bauern lebte und arbeitete, ließen keine hohe Arbeitsmoral und Arbeitsleistung aufkommen. Der Bauer unterstand der Gerichtsbarkeit des Gutsherrn und durfte das Land nicht aus freien Stücken verlassen. Zur Heirat bedurfte es ebenfalls der Zustimmung des Grundherren. Desweiteren lag auf den Bauern eine hohe Steuerbelastung. Die Aufteilung in Kantone regelte ihre Erfassung zum Militärdienst, für den sie zahlenmäßig den Hauptanteil zu stellen hatten. Die Arbeiten, die der Bauer auf den Gütern des Grundherrn als Leibeigener zu leisten hatte, fielen äußerst unproduktiv aus. In den drei oder vier Tagen Fronarbeit (Arbeitsrente) pro Woche arbeitete die Mehrzahl der Bauern schleppend und ohne jegliche Lust.

Gerade der Export von landwirtschaftlichen Produkten war für das Land die wichtigste Einnahmequelle. So führte Preußen jährlich Getreide im Werte von durchschnittlich 10 Millionen Talern aus, wobei England mit rund 50 Prozent der Hauptabnehmer war. Reformfreudige Kräfte erkannten sowohl die Möglichkeiten, die zu einer Steigerung der Leistungen in der Landwirtschaft führen konnten, aber auch die Faktoren, die dies hemmten oder verhinderten. Dem neuen König konnte die Sachlage so plausibel gemacht werden, daß ab 1799 wenigstens auf den Staatsgütern, den Domänen, die Arbeitsrente durch eine Geldrente ersetzt wurde. In diesem Falle konnte der Bauer Zeit, Können und Arbeitsleistung voll auf die Nutzung des ihm überlassenen Bodens verwenden und brauchte nicht mehr auf den Gütern des Grundherrn zu arbeiten. Als Ausgleich hatte er einen Geldbetrag zu entrichten. Zur Bewirtschaftung der Domänen wurden Lohnkräfte eingestellt, die u. a. aus der Geldrente der Bauern bezahlt wurden. Die Bedeutung dieser Verfahrensweise für das Staatswesen liegt auf der Hand. Für die Bauern erschloß sich der Anreiz und die Perspektive, Überschüsse zu erzielen. Dies wiederum führte zur Steigerung der Arbeitsleistung und förderte den Übergang zu effektiveren Anbaumethoden. Die Erbzinsregelung gestattete die Vererbung der Nutzungsrechte des zugeteilten Bodens auf die Kinder. Allerdings vermochte der König nicht, Geldrente und Erbzinsregelung auch für die leibeigenen Bauern der übrigen adligen Grundherren verbindlich durchzusetzen. Zwar verbesserte sich die materielle Lage für einen geringen Teil der Bauern, die Leibeigenschaft blieb jedoch im Wesen unangetastet. Da Geldrente und Erbzins lediglich auf den Staatsgütern Gültigkeit hatten, blieben sie als Reformen, bezogen auf die gesamte Landwirtschaft, Stückwerk. Wenn sie den Erfordernissen der Zeit auch nur bedingt entsprachen, stellten sie dennoch eine Vorstufe künftig weitergehender Reformen dar. Außerdem waren die Domänen die wichtigste Einnahmequelle für die Krone.

Obgleich die Probleme, vor denen der junge König Friedrich Wilhelm III. in den ersten Regierungsjahren nach seiner Thronbesteigung stand, nur angedeutet werden konnten, wird doch die hohe politische und soziale Brisanz offenbar, die sie in sich trugen. Hing doch in jenen Jahren des Umbruchs von Entscheidungen im zivilen und militärischen Bereich oft der Erhalt und der Fortbestand des Landes ab. Die tragische Katastrophe 1806 und der nachfolgende Zusammenbruch des altpreußischen Staates war keinesfalls nur der Politik unter diesem König geschuldet. Es erscheint deshalb fragwürdig, undifferenziert den Stab über Friedrich Wilhelm III. brechen zu wollen, wie das häufig geschehen ist.[5]

Wie so oft in der Familiengeschichte der Hohenzollern bestand auch zwischen König Friedrich Wilhelm II. als dem Vater und seinem ältesten Sohn kein geregelter Kontakt, geschweige denn gutes Einvernehmen. Im Kindes- und Jugendalter hatte Friedrich Wilhelm noch persönlich Friedrich den Großen kennengelernt und einiges von dessen Ausstrahlung und Arbeitsweise erfahren. Solange der große Friedrich noch lebte, war er für den jungen Prinzen nicht nur regierender Landesherr, sondern auch das Familienoberhaupt. Dieser Doppelfunktion unterlag auch die Familie des Kronprinzen. Deren Mitglieder hatten Friedrich II. im familiären Kreis Hochachtung, Respekt und Gehorsam entgegenzubringen. So blieb dem jungen Friedrich Wilhelm ein zwiespältiges Bild seines Großonkels. «Einerseits blieb der gewaltige Eindruck eines bis zum letzten Atemzug tätig arbeitenden Geistes, die Erinnerung des allbewunderten ergrauten Monarchen, dem der Knabe sich nur mit Ehrfurcht und Bangen nähern durfte, unauslöschlich, andererseits waren gewisse Reminiszenzen von Schroffheit, Härte und selbst Quälerei, denen er ausgesetzt gewesen war, nicht zu verwischen.»[6]

Abstoßend mußten auf Friedrich Wilhelm auch Lebensart und Hofhaltung seines Vaters wirken. Das nicht gerade glückliche Zusammenleben der Eltern war für ihn kein Vorbild. In den auch für einen Kronprinzen so entscheidenden Jahren des Reifens zum Erwachsenen blieben ihm Zugang und Einblicke in die Politik, Staatsverwaltung und das Militär nahezu versperrt. Als besonders gravierend sollte sich die versäumte Heran- und Einführung in die Außenpolitik erweisen. Die Bildung und Erziehung des Prinzen entsprach also in keinem Falle seinen künftigen Aufgaben als Herrscher. Auch allgemeine Fragestellungen der Zeit blieben Friedrich Wilhelm vorenthalten. Kurzum, der Vater und die damit Beauftragten verabsäumten eine Ausbildung, die ihn auf sein späteres Amt in genügender Weise vorbereitet hätte. Dennoch erkannte der Kronprinz, mit einem wachen und regen Intellekt ausgestattet, durchaus die Mißstände, Mängel und Gebrechen des Preußischen Staatswesens. Vor allem neigte er zu einer äußerst kritischen Einstellung seiner nächsten Umgebung gegenüber, hatte er doch die verschwenderische und sittenverderbende Hofhaltung seines Vaters ständig vor Augen. Diese führte vor allem dazu, daß der unter Friedrich II. mühsam angehäufte Staatsschatz vergeudet wurde. Nicht minder mußten ihn die geistige Leere, Arroganz und Gleichgültigkeit der Höflinge abstoßen. Anvertrauen konnte er sich unter diesen Niemandem; auch wäre von diesen keiner bereit und in der Lage gewesen, auf die Fragestellungen des jungen Mannes einzugehen. Jedenfalls hatte er schon sehr früh die Übel der Korruption, der Vettern-, Günstlings- und Mätressenwirtschaft vor Augen. Kritische Bemerkungen diesbezüglich blieben ihm deshalb sein Leben lang nicht erspart. Diese, oft kurzangebunden vorgebracht, erweckten in der Umgebung den Anschein überheblicher Nörgelei.

Als Lebensweise bevorzugte Friedrich Wilhelm III. schlichte Bürgerlichkeit, was sich auch in der Kleidung niederschlug. Diese Bürgerlichkeit praktizierte er auch in seiner Familie. Dem weltmännischen Auftreten sowie den umgänglichen und wohlformulierten Äußerungen des Vaters setzte er Schroffheit in den Bewegungen sowie ein Sprechen in abgehackten Sätzen entgegen. Äußerlich erweckte beides das Bild eines Militaristen, der er aber nie war. Selbst in Kleinigkeiten versuchte er sich abzugrenzen, was häufig in Pedanterie und Verstrickung in Nebensächlichkeiten ausartete. Bei der Beschäftigung mit der Armee und deren Uniformierung wird hierauf zurückzukommen sein. Für Friedrich Wilhelm III. waren Pflichttreue und Rechtschaffenheit wieder Maßstab des Denkens und Handelns. Im Unterschied zu seinem Vater sah er seine Bestimmung darin, dem Volk nahe und für dieses dazusein. Durch die Abkapselung vom Hofleben war er zum Einzelgänger geworden, der sich durch Eigenerziehung und Selbstbildung sein Lebensbild geschaffen hatte. Aus diesem Umstand resultierten aber auch ebensosehr seine Schwächen. Die Unsicherheit, die ihn bei Entscheidungen befiel, wie auch seine Angst vor Veränderungen und Neuerungen ließen seine Erkenntnis von Mängeln nicht über das Stadium bloßer Kritik hinausgehen. Als Ursache hierfür können durchaus sein geringes Selbstgefühl und mangelndes Vertrauen in die eigenen Fähigkeiten angesehen werden, die wiederum in Verbindung mit dem Verhältnis zu Friedrich II. und zum Vater zu sehen sind. «Furcht und Schrecken waren die Hauptgefühle, welche der große Mann (Friedrich II., der Verf.) im kronprinzlichen Haus einflößte. Schüchtern wurde dadurch Friedrich Wilhelm der Zweite, schüchtern und furchtsam Friedrich Wilhelm der Dritte.»[7] Daß ihm keine weitsichtigen Lehrer und Berater zur Seite standen, sollte in Verbindung mit seinen eben geschilderten Eigenschaften ihm und dem preußischen Staat bald zum Verhängnis werden.

Erste Aufgaben offizieller Art wurden dem Kronprinzen im April 1792 mit dem Kommando über eine Brigade aus drei Bataillonen des Infanterie-Regiments No. 47 für den Einmarsch in Frankreich übertragen. Diese Brigade gehörte zum zweiten Treffen der Infanterie. Einen nachhaltigen Eindruck dürfte auf ihn zweifelsohne die Teilnahme an der Schlacht von Valmy am 20. September gemacht haben, die mit ihrer Kanonade durch französische Truppen Berühmtheit erlangte. Bei dieser Aktion bewies der Kronprinz Einsatz und persönlichen Mut, war jedoch tief beeindruckt von den schmerzlichen Verlusten und Qualen, die die Soldaten während der Kanonade zu erdulden hatten. Ebenfalls einen Befehl unbedeutenderer Art erhielt er im Frühjahr 1793 beim Vorgehen gegen die Mainzer Republik. Hier befehligte er im Range eines Generalmajors bei der Belagerung der Stadt Mainz die Reservetruppen. Zu diesem Dienstgrad war er am 20. Dezember 1792 aufgerückt und behielt ihn bis zur Thronbesteigung inne.[8]

Preußens Beteiligung an der antifranzösischen Koalition stieß im Lande ohnehin auf nur geringes Interesse, ja teilweise sogar auf Ablehnung. Zusammenhänge und Hintergründe der Außenpolitik jener Jahre blieben Friedrich Wilhelm verschlossen. Bereits während seiner ersten Feldeinsätze sah und erkannte der Kronprinz die bürokratischen Kommandoverhältnisse, die eine schleppende Kriegführung nach sich zogen. Eine unwürdige Behandlung der Soldaten und ihre schlechten Lebensbedingungen entsprachen nicht seinem Charakter und seinen Auffassungen von Rechtschaffenheit. Noch betrüblicher muß es für ihn gewesen sein, in seiner Funktion sowohl als Kronprinz sowie auch als mit Verantwortung betrauter Kommandeur überhaupt keinen Einfluß zu haben. So hatte er nicht einmal Kenntnis der Kriegspläne und Operationen[9]. Auch für die weiteren militärischen Einsätze, er übte im September 1793 formal den Befehl über die Belagerungstruppen, bestehend aus einer Division mit zwei Brigaden, vor Landau aus und nahm ab Mai 1794 am Feldzug gegen Polen und im Juli an der Belagerung Warschaus teil, kam bei ihm kein rechtes Verständnis auf. Die Briefe an seine Gemahlin, die Prinzessin von Mecklenburg-Strelitz, geben sein kritisches Verhältnis zum Kriege und zur Lage in der Armee wieder. Er schrieb aus dem polnischen Feldzug am 16. Juni 1794: «Alle, die die Wahrheit sagen, und aussprechen, was sie denken, gelten als solche (als Jakobiner, der Verf.). Man wagt nicht, irgendeine Bemerkung zu machen, man wagt nicht zu denken, man muß alles billigen, was geschieht; das ist manchmal schwer für einen ehrlichen Mann... Man möchte vermuten, dies alles geschieht, um mir den Krieg gründlich zu verekeln, und das ist nahezu gelungen, er steht mir schon bis an den Hals.»[10] Blieben ihm auch die politischen Hintergründe unverständlich, so führten ihn sein wacher Verstand, seine kritische Beobachtungsgabe und seine Fähigkeit, Sachverhalte nüchtern zu erfassen, zu der Erkenntnis, daß die Kriege mit Frankreich Preußen eigentlich nichts angingen. In einem Brief vom November 1793 an Prinzessin Luise heißt es: «Man darf den guten Willen dieser braven Leute (der preußischen Soldaten, der Verf.) nicht mißbrauchen. Denn ein Krieg wie dieser kann sie einmal nicht interessieren, weit entfernt von ihren Grenzen, wo niemand sie beunruhigt.»[11] Unverschuldet blieben ihm die Zusammenhänge, Hintergründe und Ursachen dieser Kriege verborgen. Deshalb war es ihm auch nicht möglich, ein Programm für die Zeit nach seinem Regierungsantritt zu entwickeln, so wie das Friedrich Wilhelm I. getan hatte, bevor er 1713 Herrscher wurde. Als er den Thron bestiegen hatte und volle Verantwortung trug, versank Friedrich Wilhelm III. dennoch nicht in Tatenlosigkeit. Den gröbsten und augenfälligsten Mißständen rückte er sofort zu Leibe. Hofhaltung und Hofleben des Vaters erfuhren gravierende Veränderungen. Sparsamkeit und Nüchternheit zogen wieder ein. Für das Regime des Vaters mitverantwortliche Personen wurden entfernt,[12] so die Gräfin Lichtenau, die außerdem gerichtlich belangt wurde. Auch das Religionsedikt von 1788[13] wurde aufgehoben. Auf die Änderungen in der Armee wird weiter unten noch näher eingegangen. Von der Abschaffung der Arbeitsrente auf den Staatsgütern im Jahre 1799 wurde schon gesprochen. Insgesamt blieben alle diese Maßnahmen weit hinter den Erfordernissen zurück. Bei der Einschätzung der persönlichen Verantwortung dieses Königs darf nicht unberücksichtigt bleiben, daß sich das Land in einer komplizierten Situation befand. Seine Finanzlage war katastrophal. Infolge des verschwenderischen Lebenswandels seines Vaters beliefen sich die Staatsschulden auf über vierzig Millionen Taler. Eine Überprüfung der Kassen tat Not und wurde auch angesetzt. Diese Revision stellte eine Grundvoraussetzung für ein ordnungsgemäßes Finanzwesen dar. Infolge der Unübersichtlichkeit der aus friderizianischer Zeit herrührenden Kassenstrukturen erwiesen sich diese Arbeiten als langwierig und schwierig. Auch die Kosten der beiden polnischen Teilungen belasteten den Haushalt erheblich. Durch den gewaltigen Gebietszuwachs verschoben sich Preußens Grenzen, die es zu sichern galt. Truppenkörper mußten verschoben oder neu aufgestellt werden. Innenpolitisch war der Gebietszuwachs nicht ohne Brisanz. Bestand doch jetzt ein großer Anteil der Bevölkerung aus Polen, die sich die neue Oberhoheit nicht freiwillig ausgesucht hatten. Hinzu kam eine allgemeine Verarmung weiter Teile der Bevölkerung.

Die Politik Frankreichs nahm immer deutlicher expansionistischen Charakter an. Seit dem Friedensschluß von Basel im Jahre 1795, bei dem Preußen aus der Koalition gegen Frankreich austrat, betrieb Friedrich Wilhelm II. eine ausgesprochene Neutralitätspolitik, und sein Nachfolger Friedrich Wilhelm III. hatte ohnehin nicht viel für das Kriegführen übrig, was ihm keinesfalls als Charaktermangel ausgelegt werden darf.[14] Angesichts der inneren Schwierigkeiten, vor allem auch wegen der angespannten finanziellen Lage, hielt er eisern an dieser Neutralitätspolitik fest. Schien diese Politik des Sichheraushaltens aus dem europäischen Konflikt auf kurze Zeit für Preußen vorteilhaft zu sein, so begünstigte sie auf lange Sicht die expansiven Bestrebungen Napoleons. Die Außenpolitik brachte den jungen König in einen Gewissenskonflikt, den er aus mangelndem Selbstvertrauen und mangelnder Tatkraft nicht konsequent auszutragen vermochte. Auch seine Ratgeber waren ihm dabei kaum eine Hilfe.

Für dringende und tiefgreifende Reformen bedurfte das Land Kraft, Zeit, Geld und vor allem Frieden. Das hatte auch der König vor Augen. Andererseits befürchtete er, daß Reformen für das Land lebensbedrohlich wären. Wenn er auch diese nur zögerlich begann, so hatte er doch ihre Notwendigkeit erkannt. «Wenn es auch zunächst zu durchschlagenden Reformen nicht kam, bleibt für den späteren Verlauf seiner Regierungszeit beachtenswert, daß er ein geistiges Klima tolerierte, das ein vorurteilsfreies Nachdenken über Verbesserungen in Staat und Armee zuließ, und schließlich in der Stunde der Not in der Auswahl seiner Berater außerordentliches Geschick bewies.»[15]

Aufbau und Zustand der Armee

Das Leben eines zukünftigen Thronfolgers war in Preußen bereits von Kindesbeinen an aufs Engste mit dem Militär verknüpft. So erhielten die Prinzen nicht nur Unterricht in Kriegsgeschichte, für Friedrich Wilhelm verbunden mit intensivem Kennenlernen des Siebenjährigen Krieges, sondern hatten auch selbst eine militärische Laufbahn zu absolvieren. Der junge Friedrich Wilhelm hatte genauso zu exerzieren, sich den Kommandos und der Disziplin unterzuordnen wie alle anderen. Allerdings durchliefen die Prinzen die militärischen Dienstränge schneller als ihre Altersgenossen. Am 29. Juli 1777 erhielt er das Patent zum Fähnrich[16] und trat in das I. Bataillon Leibgarde ein. Für die Vermittlung eines umfangreichen militärischen Wissens und Könnens hatte der im November 1781 zum Gouverneur des Prinzen berufene Oberst Karl August von Backhoff Sorge zu tragen. Fest steht, daß sich der junge Friedrich Wilhelm allen militärischen Themen gegenüber aufgeschlossen zeigte und zielstrebig lernte.[17] Das in geordneten Bahnen nach Reglements ablaufende militärische Leben entsprach wohl am ehesten seinem Charakter und seinen Neigungen. Durch die Patente vom 4. November 1784 und vom 7. September 1786 wurde er Sekonde-leutnant bzw. Stabskapitän[18]. War der prinzliche Knabe bisher keinem kontinuierlichen Garnisonsdienst unterworfen, so setzte dieser mit dem Erreichen des siebzehnten Lebensjahres ein. Bis zu den bereits er-wähnten Kommandos in den Feldzügen gegen Frankreich sowie in Polen hatte er eine durchaus solide zu nennende theoretische und praktische «Militärschule» hinter sich und wußte vor allem um die Bedeutung der Armee für den Staat und das Haus Hohenzollern.

Friedrich Wilhelm III. übernahm eine Armee, die der Zahl nach die beachtliche Stärke von 231081 Mann aufwies, zuzüglich 2308 Mann sogenannte Nichtkämpfer[19/20]. Bis 1806 erfuhr das preußische Heer-wesen die verschiedensten Veränderungen und Neuerungen, deren Qualität und praktischer Wert sich im einzelnen sehr unterschieden. Insgesamt bewegten sie sich im Rahmen des friderizianisch geprägten Heer-wesens des 18. Jahrhunderts, d.h. sie überstiegen diesen nicht. Die Gründe und Ursachen dafür, weshalb es angesichts der offenkundigen Mängel zu keinen grundlegenden Veränderungen im Aufbau, in der Struk-tur und in den inneren Verhältnissen der Armee kam, sind unterschiedlicher Natur und keineswegs allein dem König anzulasten. Trotzdem wurde bis 1806 ständig an Verbesserungen im Heer gearbeitet. Sie «ver-dienen mehr Würdigung, als ihnen von der großen Geschichte und öffentlichen Meinung häufig zu Theil wird. Das Verhängnis von 1806 hat seinen Schatten darauf geworfen, die Scharnhorstsche Reorganisation und die Kriegsglorie von 1813–15 haben sie verdunkelt, und es wurde oftmals darüber hinweggesehen: im Allgemeinen, daß das glückliche Verhältnis Friedrich Wilhelms III. mit Seiner Nation bereits in den von Ihm offenbarten Principien der ersten Regierungszeit wurzelte, im Speciellen, daß viele Gedanken und Einrichtungen von vor 1806, heilsame Elemente der späteren Heeres- und Staatsordnung wurden.»[21]

Zunächst widmete sich der König Formationsfragen, die die Infanterie betrafen. Die Infanterie-Regi-menter bestanden aus zwei Bataillonen mit je fünf Kompanien Musketieren und je einer Grenadier-Kom-panie. Ab Juni 1799 faßte man die Grenadiere von zwei Regimentern wieder zu einem Bataillon mit vier Kompanien zusammen. Damit war der Zustand, wie er bis 1787 bestand, wieder hergestellt. Ihrer ur-sprünglichen Rolle entsprechend, konnten die Grenadiere wieder zusammengefaßt als Elite eingesetzt werden.[22] Der Grenadier wurde wieder zum Begriff, was durchaus zu seiner moralischen Aufwertung beitrug. Auch die Wiedereinführung der unter König Friedrich Wilhelm II. abgeschafften Grenadiermüt-zen muß in diesem Zusammenhang gesehen werden. Neu war insbesondere, daß die aus zwei Regimen-tern zusammengefaßten Grenadiere nicht nur während der Ausbildungszeit und im Mobilmachungsfall ge-meinsam agierten, sondern ständig beieinander blieben und dementsprechend garnisoniert waren. Das sollte deren Zusammengehörigkeitsgefühl stärken und einem vereintem Handeln im Ernstfall förderlich sein. Die Flügelgrenadiere der Garde blieben von einer derartigen Zusammenfassung ausgenommen. Im Frieden bildeten ihre Kompanien zwar ein gemeinsames «Garde-Grenadier-Bataillon», im Falle einer Mobilmachung jedoch stießen sie zu ihren angestammten Bataillonen. Infolge veränderter Kopfzahl[23] in den Bataillonen und Kompanien verfügte die Armee über 4644 Mann weniger. Wenn dies auch nicht hoch erscheinen mag, war Friedrich Wilhelm III. doch seit langem der erste preußische König, der das Heer zahlenmäßig verringert hat. Die zahlenmäßige Verkleinerung der Bataillone sollte allerdings ins Gewicht fallen, bildeten sie doch die taktische Grundeinheit im preußischen Infanteriewesen. Gemäß Vorstellun-gen aus dem Jahre 1796 ging man von einer Vorgabe von 205 Bataillonen aus, wovon bis 1797 noch 6 fehlten. Durch die neuen Regelungen standen lediglich noch 171 zur Verfügung. Zur Infanterie zählten ferner die Füsilier-Bataillone. Diese als leichte Infanterie ab 1787 geschaffenen Einheiten entsprachen der Taktik der Zeit und sollten in aufgelockerter Form kämpfen. Mit den unter König Friedrich II. auf-gestellten Füsilier-Regimentern hatten sie nichts mehr gemeinsam[24]. Drei Bataillone zu je vier Kompa-nien bildeten eine Brigade, von denen es neun gab. Unter König Friedrich Wilhelm II. fehlten allerdings noch drei Bataillone an der Vollständigkeit von drei Brigaden. Der neue König ließ eine Brigade auflösen, damit zwei andere komplettiert werden konnten, so daß ab 1800 lediglich acht vollständige Brigaden vorhanden waren[25]. Ebenfalls zur Verwendung für das aufgelockerte Gefecht und das Feuern im gezielten Schuß war das Regiment Feldjäger zu Fuß vorgesehen. Es setzte sich aus drei Bataillonen mit je vier Kompanien zusammen.

Im Jahre 1796 erhielten die Depot-Bataillone, 1788 aus der Umwandlung der Garnison-Regimenter hervorgegangen, die Bezeichnung «III. Musketier-Bataillone». Diese 56 Bataillone blieben auch nach 1797 erhalten. Zu den 58 Infanterie-Regimentern kamen im Jahre 1803 noch No. 59 und 1802 No. 60 hinzu. No. 60 jedoch nicht mehr in voller Stärke.

Zur Kavallerie gehörten Kürassiere und Dragoner, Husaren und Bosniaken sowie ein recht exotisch anmutender Tatarenpulk. Die reitenden Feldjäger zählten nicht direkt zur Kavallerie. Die Veränderungen, die unter Friedrich Wilhelm hier vorgenommen wurden, waren nicht von grundlegender Natur. Bei den Kürassieren vermehrte sich durch Abgaben aller Einheiten die Zahl der Eskadronen der Garde du Corps von drei auf fünf. Damit verfügten alle 13 Kürassier-Regimenter über die gleiche Eskadronenzahl. 1802 wurde ein 13. und 1803 ein 14. Dragoner-Regiment aufgestellt. Von diesen Regimentern hatten 12 fünf Eskadronen im Bestand und die beiden anderen je zehn Eskadronen. Die Husaren zählten 11 Regimenter[26], wovon eines die Bosniaken und die Tataren bildeten. Um nach den polnischen Gebietserweiterungen von 1792 und 1795 besonders polnischen Adligen den Anreiz zu bieten, in der preußischen Armee Dienst zu tun, wurden 1800 ein Regiment mit zehn Eskadronen sowie ein Bataillon mit fünf Eskadronen gebildet, die den Namen Towarczys erhielten. Diese wurden den erwähnten Bosniaken und Tataren[27] zugeordnet. Ihrer Herkunft entsprechend hatten sie eine besondere Bekleidung und waren vom Spießrutenlaufen befreit. Zur Kavallerie gehörten noch jeweils ein Husaren-Kommando in Magdeburg und Rheinsberg, die eine Art Stabswache waren. Die Husaren-Regimenter hatten jeweils zehn Eskadronen im Bestand, H 11 hatte nur fünf.

Das Feldjäger-Corps zu Pferde erfüllte hauptsächlich Aufgaben als Kurier- und Begleitdienst sowie als Kolonnenführer.

Zur Artillerie gehörten vier Feldartillerie-Regimenter sowie ein Bataillon reitende Artillerie. Die auch als Fußartillerie bezeichneten Einheiten bildeten das Feldartillerie-Korps. Jedes der vier Regimenter besaß zehn Kompanien. Durch Vermehrung der reitenden Artillerie um drei Kompanien im Jahre 1805 hatte diese die gleiche Kompaniezahl wie die Fußartillerie. Im Kriegsfalle sollten 71 Geschützbatterien besetzt werden können. Außerdem befanden sich bei jedem Grenadier- und Musketier-Bataillon zwei 6-Pfünder und bei den III. Musketier-Bataillonen zwei 3-Pfünder. Die Füsilier-Bataillone sollten jeweils über einen 3-Pfünder verfügen[28]. Auf die Festungen verteilten sich zusätzlich 15 Festungsartillerie-Kompanien. Alles in allem verfügte Preußen bis 1806 über 7059 Geschütze[29].

Zum Heer gehörten ferner die 2½ Kompanien des Pontonier-Korps, die vier Kompanien des Mineur-Korps sowie ein Ingenieur-Korps. In Berlin und in den Provinzen gab es noch Invaliden-Korps. Die Offiziersausbildung begann im Kadetten-Korps in Berlin, Stolpe, Culm und Kalisch.

Nach Angaben aus dem Jahre 1805 belief sich die Friedensstärke des preußischen Heeres auf 234751 Mann. Für den Kriegsfall sollten 193017 Mann Feldtruppen und 69687 Mann Besatzungstruppen zur Verfügung stehen[30]. Die Truppenteile waren Inspektionen zugeordnet, die den Charakter einer Aufsichtsbehörde hatten und den Waffengattungen übergeordnet waren. In Friedenszeiten waren noch immer die Regimenter und bei den Füsilieren die Brigaden die höchsten verwaltungsmäßigen Gliederungen. Zugleich waren sie auch die größte taktische Einheit, was sich im Feldzug von 1806 nachhaltig auswirken sollte. Die Bedeutung von Divisionen, die aus verschiedenen Waffengattungen zusammengesetzt waren, hatte man durchaus erkannt und bildete im Krieg auch solche, jedoch ohne positive Ergebnisse. Es zeigte sich, daß Stäbe und Einheitsführer mit der Führung derart selbständig handelnder Truppenkörper nicht vertraut waren.

Insgesamt gesehen erscheinen die Rüstungen unter König Friedrich Wilhelm III. unerheblich. Selbst das Infanterie-Regiment No. 60, das ab November 1802 aufgebaut werden sollte, blieb bis zum Krieg unvollständig. Das Land mit seinen doch recht beschränkten Ressourcen hatte in bezug auf den Unterhalt einer derart großen Armee seine Grenzen erreicht. Außerdem blieben die hohen finanziellen Belastungen durch die polnischen Erwerbungen nicht ohne Einfluß auf die Rüstungen. Daher blieben bei der Mobilmachung und beim Ausmarsch die Stärken der Truppen unter den Sollstärken, wie sie im Mobilmachungsplan von 1799 vorgegeben waren[31].

Die Organe und Behörden, die dem Heer übergeordnet waren, erwiesen sich ihren Aufgaben, weil sie unflexibel, unkoordiniert und bürokratisch arbeiteten, nicht gewachsen. Andererseits war der König als Chef der Armee bei einem derart großen Heerwesen zunehmend auf effizient und vor allem selbständig arbeitende Institutionen angewiesen. Das bereits im Jahre 1787 durch Friedrich Wilhelm II. geschaffene Oberkriegsdirektorium hatte die Aufgaben eines Kriegsministeriums zu erfüllen. In Departements gegliedert, stellte es die oberste Verwaltungsbehörde der Armee dar. Allgemeine Angelegenheiten der Truppenteile und deren Verpflegung oblagen dem 1. Departement. Im 2. wurde über die Montierungs-, Armatur- und Ökonomieangelegenheiten entschieden. Das 3. war für das Invalidenwesen zuständig. Ferner waren dem Oberkriegsdirektorium die Geheime Kriegskanzlei, die General-Intendantur, das General-Auditoriat und ein Ingenieur-Departement zugeordnet. Eine entscheidungsbefugte Leitung, die diesem obersten Organ vorstand, gab es nicht. Als Mitglied des General-Direktoriums, der höchsten Verwaltungsbehörde des preußischen Staates, stand der Kriegsminister lediglich dem Militärdepartement dieser Behörde vor. Da es keine ihnen übergeordnete zentrale Leitung gab, wirkten das Militärdepartement des General-Direktoriums einerseits und das Oberkriegsdirektorium andererseits nebeneinander her. Die Chefs der Departements des Oberkriegsdirektoriums arbeiteten ebenfalls unkoordiniert. Sie waren zudem überaltert und meist nicht einmal felddienstfähig. Die Arbeiten liefen nach verwaltungstechnischen Gesichtspunkten und nach Vorschrift ab. Direkte Kontakte zu den Truppenteilen gestalteten sich kompliziert und waren daher selten. Besonders schlimme Folgen zeitigte der Umstand, daß weder die Direktoren noch der Kriegsminister unmittelbaren Zugang zum König hatten, um diesem die Armee betreffende Vorschläge und Projekte zur Entscheidungsfindung vorzutragen. Diese als Immediatvorstellung bezeichnete Position nahm ein Generaladjutant wahr. D. h. alle vom Oberkriegsdirektorium ausgehenden Anliegen an den König liefen über die Generaladjutantur, ehe sie zur Person des Herrschers gelangten. In diesem bürokratisch angelegten System, in dem auch der Generaladjutant keine Entscheidungsbefugnis hatte, verkam die oberste Verwaltungsinstanz des Heeres zur Schreibstube. Jeglichen Initiativen war von vornherein der Garaus gemacht. Wer wollte sich schon mit der völlig unnütz zwischengeschalteten Generaladjutantur anlegen? Eine weitere Institution war die Immediat-Militär-Organisationskommission. Sie war zur Neuregelung des Kantonswesens bereits 1788 geschaffen worden. 1803 erhielt sie den Auftrag, einen Plan zur Errichtung einer «Vaterlands-Reserve» und von «Vaterlands-Legionen» auszuarbeiten[32], weil die Finanzlage eine Erweiterung des stehenden Heeres verbot. Man bekam für die Feldtruppen nicht genügend Ersatz im Inland, was durch Werbung im Ausland ausgeglichen werden sollte, jedoch einer qualitativen Minderung des Heeres gleichkam. Anknüpfend an das Landmilizsystem friderizianischer Zeit konnte die Kommission von 1804 einen konkreten Plan für die Schaffung von 78 Land-Reserve-Bataillonen zu vier Kompanien vorlegen. Zu deren Aufstellung kam es jedoch nicht mehr, weil sich der König bis August 1805 Zeit ließ, deren Aufstellung zu genehmigen. Diese Truppe sollte aus Soldaten gebildet werden, die ihre zwanzigjährige Dienstzeit beendet hatten, d. h. aus dienstfähigen Invaliden sowie Leuten aus den kantonfreien Städten oder aus den schlesischen Freikantonen. Diese geplanten Maßnahmen sollten dann Organisationsgrundlage für die 1813 geschaffene Landwehr werden.

Eine für die Armee äußerst wichtige Behörde war die dem Generalkassendepartement des Generaldirektoriums unterstehende Generalkriegskasse. Hier liefen alle etatmäßigen Einnahmen und vor allem die Ausgaben des Heeres zusammen. Außeretatmäßige Ausgaben bestritt die Königliche Dispositionskasse als Staatskasse. Den wichtigsten Posten der Generalkriegskasse machten die Verpflegungs-, Kleider-, Pferde- und Fouragierkosten aus. Neben vielen anderen Armeeinrichtungen, wie z. B. der Generalintendantur und dem ihr untergeordneten Feldkriegskommissariat, ist vor allem noch der Generalstab zu erwähnen. Unter den vorangegangenen Königen kam dieser auch als Generalquartiermeisterstab bezeichneten Einrichtung eine Nebenrolle zu, deren Angehörige Karten zu zeichnen hatten und sonstige Befehle ausführten, die sich mit der Vorbereitung von Märschen, der Errichtung von Lagern sowie der Festungsbeaufsichtigung befaßten. Von einem strategisch-operativen Führungsorgan, das er im 19. und 20. Jahrhundert bildete, konnte von ihm zu jener Zeit noch nicht die Rede sein. Auf der Grundlage von Überlegungen des Obersten Freiherr von Maßenbach wurde der Generalstab umorganisiert und erfuhr eine Aufwertung. Eine entsprechende Instruktion genehmigte der König 1803[33]. Militärtopographisch wurde das Land von drei Brigaden erfaßt, denen je ein Generalquartiermeister-Leutnant vorstand, in dem Straßen, markante Geländepunkte und für Stellungen und Lager nutzbare Plätze nach einheitlichem Maßstab aufgenommen wurden. Die weitaus wichtigere Aufgabe bestand jedoch darin, unter Berücksichtigung örtlicher Gegebenheiten und des Geländes Truppenbewegungen zu skizzieren und Operationspläne auszuarbeiten. Wenn auch im Krieg von 1806 die Arbeit des Generalstabes hinter den Erwartungen zurückblieb, bildete die Instruktion von 1803 dennoch einen grundlegenden Ausgangspunkt für die Generalstabsarbeit, wie sie nach 1808 im Zuge der Reorganisation festgelegt wurde.

König Friedrich Wilhelm III. behielt in den ersten neun Regierungsjahren die von den Vorgängern übernommenen Heereseinrichtungen bei. Bei seinen wenigen Neuerungen handelte es sich lediglich um punktuelle Maßnahmen in Einzelbereichen. An sie knüpften die Reformer an, als sie 1808 an die Neugestaltung des preußischen Heerwesens gingen. Darin liegt auch der nicht zu unterschätzende historische Wert dieser Maßnahmen begründet. Nach außen weniger sichtbar, dafür aber um so gravierender waren die inneren Verhältnisse der Armee. Die Mißstände in dieser galten als eine der Ursachen für den Zusammenbruch des preußischen Heerwesens nach den Niederlagen von Jena und Auerstedt. Die Niederlage in dieser Doppelschlacht hätte noch nicht den Zusammenbruch des altpreußischen Militärsystems bedeuten müssen. An Zahl bildeten auch in der preußischen Armee die Mannschaften, die Soldaten, den Hauptanteil.

Diese waren jedoch nicht in sich homogen, sondern unterschieden sich in Inländer und Ausländer. Zu den Ausländern zählten auch die Soldaten aus nichtpreußischen deutschen Gebieten. Das Kantonreglement erfaßte alle männlichen Personen Preußens, sofern sie aus territorialen, beruflichen, religiösen oder Standesgründen nicht davon ausgenommen waren[34]. Den einzelnen Truppenteilen waren Kantone zugewiesen, aus denen der Ersatz nach Bedarf abberufen wurde. Eine zunehmende Befreiung bestimmter Berufsgruppen vom Militärdienst behinderte bzw. erschwerte die Möglichkeiten der Regimenter zu gutem inländischem Ersatz zu kommen. Bei Gebietszuwächsen galten die dort erfaßten und ausgehobenen Bewohner ebenfalls als Inländer. Verständlicherweise fühlten sich besonders die Polen in den Neuerwerbungen nicht als Preußen. Andererseits ermöglichten es Wirtschaftslage und gesellschaftliche Strukturen nicht, das Heer in dieser Größe allein aus Inländern zu rekrutieren. Bildete das Kantonsystem eine Vorstufe zur allgemeinen Wehrpflicht, zählte die Werbung von Ausländern zu den Ergänzungspraktiken eines Söldnerheeres. Zwar war die Zahl der Ausländer im Etat von 1799 herabgesetzt worden, dennoch kamen 1804 noch immer vier Ausländer auf sieben Inländer. Es wurde immer schwieriger, im Ausland brauchbare Leute anzuwerben. Wer verspürte im Zeitalter der bürgerlichen Umwälzungen schon Lust, sein Leben auf Jahre hinaus mit der strengen preußischen Armee zu verbinden? In der öffentlichen Meinung, besonders beim Bürgertum, stand der Dienst in der Armee ohnehin nicht in hohem Ansehen. Vertieft werden mußte dieser Eindruck noch durch die Praktizierung des Militärstrafsystems, die der Bürger insofern ständig vor Augen hatte, als die Vollstreckung der Strafen vielfach öffentlich stattfand. Infolge häufiger Desertion waren Stockprügel und Gassenlaufen an der Tagesordnung. Ein Wehrsystem, daß auf Söldnertum beruhte, führte zur Mißachtung des Soldatenstandes in der Öffentlichkeit und untergrub die Moral der Soldaten.

Infolge der schlechten Finanzlage des Landes ging, durch strengste Sparsamkeit bedingt, der Stand der militärischen Ausbildung merklich zurück. Normalerweise sollte die Ausbildung für Kantonisten nach Ablauf der Rekrutenzeit auf zwei Monate im Jahr beschränkt bleiben. Für die restlichen zehn Monate waren sie zu Arbeiten auf dem Lande oder im Handwerk beurlaubt. Ausländer, Straffällige («unsichere Kantonisten») und Rekruten sowie Unteroffiziere und Offiziere waren ständig im Dienst und machten somit das stehende Heer aus. Die Offiziere nicht gerechnet, waren das fast 50 Prozent des Bestandes. Der Lohn für die Beurlaubten brauchte diesen nicht ausbezahlt zu werden. Er wurde Ende des Jahres von der General-Kriegskasse an die Königliche Dispositionskasse überwiesen. Unter Friedrich Wilhelm III. wurde zur Regel, daß ab 1798 nur noch die brandenburgischen Regimenter zu Revuen um Berlin und in Potsdam, die der König persönlich abnahm, alle Beurlaubten einzogen[35]. Die erste Ausbildung der Rekruten sollte ein Jahr dauern, das sich in Extremfällen auf zehn Wochen reduzierte. Auch die jährlich stattzufindende Ausbildung setzte man häufig um ein solches aus. Unter solchen Sparsamkeitsmaßnahmen mußte die militärische Leistungsfähigkeit zwangsläufig zurückgehen. Hieran wird deutlich, daß altpreußisches Wirtschaftssystem und altpreußisches Heeressystem in den Auswirkungen einander bedingten und letztlich zur Untergrabung der Kampffähigkeit der Armee führten.

Mit der wirtschaftlichen Lage der Mannschaften war es ebenfalls nicht zum Besten bestellt. Seit 1740 erhielt ein Musketier im Monat zwei Taler Sold[36]. Unverhältnismäßig dazu waren nach dem Siebenjährigen Krieg die Preise gestiegen. Als Friedrich Wilhelm am Feldzug in Frankreich, im Rheinland sowie in Polen teilnahm, waren ihm die Mängel in der Ausrüstung und Verpflegung der Soldaten nicht entgangen. Äußerst positive Auswirkungen hatte die 1799 veranlaßte geregelte Brotverpflegung, die es bis dahin nicht gab. Dessenungeachtet konnte der einfache Soldat seinen Lebensunterhalt nur bestreiten, wenn er einer Tätigkeit nachging, die ihm einen Nebenverdienst ermöglichte. «Die Kasernen glichen Fabriken; denn in jeder Stube standen große Räder und Hecheln, an welchen die Soldaten während sie im Dienste nicht beschäftigt waren, bis aufs Hemd ausgezogen und mit bloßen Füßen, vom Morgen bis in die Nacht hinein Wolle spannen und kratzten. An allen Straßenecken fand man einige dieser Bedürftigen, die Montur über der Schulter und die Axt in der Hand, um für einen geringen Tagelohn einen Klafter Holz zu spalten. Zu jeder schweren Arbeit waren sie bereit und wurden dazu gebraucht. So nahmen sie den Charakter privilegierter Tagelöhner und Lastträger an.»[37] Von den Offizieren wurden diese Arbeiten nicht nur geduldet, sondern unterstützt. Vor allem was die Schneiderei betraf, sowohl in Bezug auf die großen als auch auf die kleinen Montierungsstücke, sahen die Offiziere darauf, Leute mit entsprechenden Fähigkeiten in der Kompanie zu haben. Dank der Kompaniewirtschaft warf gerade dies Gewinne für den Kompaniechef ab. Das betraf auch alle Reparaturarbeiten an Ausrüstungsgegenständen und Waffen, die von jeher auf Truppenebene ausgeführt wurden. Diese aus der sozialen Not der Soldaten resultierenden Nebenbeschäftigungen wirkten sich keinesfalls positiv auf den militärischen Dienstbetrieb aus. Viele Soldaten waren verheiratet und hatten Kinder. Gehörten sie zu den Diensttuenden, erhielten sie ab 1792 für Kinder bis zum vollendeten 13. Lebensjahr monatlich acht Groschen Kindergeld. Die Regimenter hatten die Auflage, Soldatenkinderschulen einzurichten.

Daß die überwiegende Zahl der Soldaten in den Wochen des allgemeinen Zusammenbruchs der preußischen Armee, von ihnen unverschuldet, pflichtgemäß und durchaus tapfer ihre Aufgaben erfüllten, verdient unter Berücksichtigung ihrer Lebensumstände besondere Hochachtung.

Aufgrund der herausragenden Stellung der Armee im preußischen Staatswesen, spielte das Offizierskorps als dessen wichtigster Träger eine dominierende Rolle im öffentlichen Leben. Da ihm Tätigkeiten im Handel oder Gewerbe untersagt waren, wurde der Offiziersberuf zum Privileg des Adels. Im Unterschied zum Adel in anderen europäischen Ländern, war der preußische, oft auch noch kinderreich, materiell schlecht gestellt. Da die Krone den Offiziersberuf ausschließlich Edelleuten vorbehielt, hatte der Staat auch deren Existenz zu sichern. Der Offizier gehörte zur gesellschaftlichen Elite, kein Wunder, daß sich unter diesen ein sie vom Rest der Gesellschaft abhebender Korpsgeist herausbildete. In Preußen band das Privileg auf diesen Beruf den Adel außerdem an die Krone. Somit verwundert es nicht, daß bürgerliche Offiziere eine seltene Ausnahme im Heer waren. Allerdings muß man hierbei berücksichtigen, daß viele Söhne des wohlhabenden Bürgertums es vorzogen, sich vom Militärdienst loszukaufen, um einmal der Last des Militärdienstes zu entgehen und sich zum anderen ausschließlich den Geschäften im Handel und Gewerbe widmen zu können, womit wiederum dem Land der wirtschaftliche Aufschwung gesichert war. Im Zeitalter der Aufklärung und der bürgerlichen Umwälzungen, das sich besonders im Bildungsniveau sowie in einem gestiegenen Selbstwertgefühl des Bürgertums niederschlug, mußte für dieses das karge und beschwerliche Offiziersdasein abschreckend wirken. Der monotone Garnisonsdienst stumpfte die meisten Offiziere geistig ab. Gleich nach der Thronbesteigung Friedrich Wilhelms III. galten erste Maßnahmen der Verbesserung der Offiziersausbildung. Immerhin müssen die Einblicke in das Offiziersdasein, die Friedrich Wilhelm durch die Teilnahme an den Feldzügen in Frankreich, im Rheinland und in Polen gewinnen konnte, ihn darin bestärkt haben. Vielleicht erinnerte er sich gar der Versäumnisse bezüglich der eigenen Bildung. Durch die Berufung des Generals Ernst Friedrich Wilhelm von Rüchel zum Generalinspekteur am 20. November 1797 kamen alle Offiziersbildungseinrichtungen, d. h. die Kadettenanstalten und die Militärakademie, unter eine Leitung[38]. Der nicht vorhandenen Vorbildung der adligen Kinder bei Eintritt in die Kadettenvoranstalten sollte ab 1799 durch die Feldprediger, die diesen Kindern Unterricht in Geographie, Geschichte und Moral zu erteilen hatten, abgeholfen werden. Aber auch an einer Vervollkommnung des Wissens junger Offiziere war gedacht. Bereits seit 1797 hielt Generalleutnant Levin von Geusau Kurse zur Bildung von Offizieren ab. Da er als Direktor des Ingenieur-Departements und als Inspekteur aller Festungen diese Bildungstätigkeit nicht allein wahrnehmen konnte, wurde ihm dafür der Oberstleutnant Gerhard David von Scharnhorst vom Feldartillerie-Korps zur Seite gestellt. Die neu gegründete Berliner «Militärakademie für Offiziere», die finanziell durch die Königliche Dispositionskasse sichergestellt wurde, bot solchen die Möglichkeit, sich neueste militärische Kenntnisse anzueignen. Zur Vorbereitung auf die Teilnahme an der Akademie diente ein Lehrinstitut bei der Berliner Inspektion. Auch die auf Scharnhorst zurückgehende Stiftung der Militärischen Gesellschaft zu Berlin, die 1801 erfolgte, galt militärischen Bildungszwecken. Diese Einrichtungen, die das Verständnis und die Billigung des Königs fanden, verkörperten echten und zeitgemäßen Fortschritt. Andererseits traten in anderen Bereichen des Offizierslebens ausgesprochene Mängel zutage. Nachlässigkeiten im Dienst und bei der Wahrnehmung der Aufsichtspflicht, für den altpreußischen Offizier undenkbar, waren an der Tagesordnung, wozu die Kompaniewirtschaft Vorschub leistete. Die große Zahl der über längere Zeit Beurlaubten minderte nicht nur das Zusammengehörigkeitsgefühl im Truppenkörper, sondern beeinträchtigte auch deren Verhältnis zum Offizier. Zudem blieb die finanzielle Situation für die unteren Offiziersdienstgrade angespannt. Wenn sich auch der Sold bei den einzelnen Waffengattungen unterschied, so war das nicht gravierend. Noch immer (seit 1788) erhielten trotz der gestiegenen Preise Fähnriche und Sekondeleutnants der Infanterie einschließlich der Quartiergelder (Servis) lediglich 15 Taler monatlich[39], wovon noch für den Invalidenfonds und die gestickte Uniform vier bis fünf Taler einbehalten wurden. Besserung der finanziellen Lage brachte erst die Stelle des Kompaniechefs. Bis dahin hatte sich der Offizier jahrelang mit seiner Armut abzufinden. Es ist also nicht verwunderlich, daß die Kompaniewirtschaft mit schlimmen Auswüchsen behaftet war. In der Regel standen dem Kompaniechef 800 Taler zu. Zusatzverdienstmöglichkeiten gab es nicht wenige, hatten aber stets Friedensdienst zur Voraussetzung. «Durch Einsparung sowie das Einbehalten des Soldes der Beurlaubten und Freiwächter konnte ein Kompaniechef jährlich über 2000 Taler in seine Tasche stecken. In gleichem Maße eröffnete die exklusive politische, juristische und soziale Stellung dem Offizier im Garnisonsbereich zusätzliche Bereicherungsmöglichkeiten. Er ließ sich Befreiungen von der Kantonpflicht, Trauscheine sowie Verabschiedungen bezahlen, zog Rekruten zu Arbeitszwecken ein und nutzte auf verschiedene Weise seine Position gegenüber der zivilen Verwaltung und in der Justiz aus, den städtischen Fiskus zu schröpfen und Bestechungsgelder anzunehmen.»[40] Höhere Chargen auf Regiments- oder Garnisonsebene nutzten diese Möglichkeiten in ähnlicher Weise. Dabei war der Soldat keineswegs immer direkt der Geschädigte. Den Staat zu betrügen, nahmen viele Offiziere in Kauf. Allerdings war dies der Stellung des Offiziers und seinem Ansehen außerordentlich abträglich.

Ein Teil der höheren Offiziere hatte noch den Siebenjährigen Krieg erlebt und war durch die friderizianische Zeit geprägt. An der Rechtschaffenheit dieser Leute kann es keinen Zweifel geben. Doch ihr Alter und ihre körperlichen Gebrechen machten sie mehr und mehr dienstuntauglich. Ein anderer Teil des Offizierskorps hatte sich bereits an die Annehmlichkeiten des Garnisonslebens sowie an die Pfründe der Kompaniewirtschaft gewöhnt. Und den ganz jungen Offizieren mangelte es noch an Wissen und Erfahrung.

Weil die althergebrachte Heeresverwaltung auf den politischen und sozialen Aufbau des altpreußischen Staatswesens zugeschnitten war, mußten alle Maßnahmen und neuen Einrichtungen, so sehr sie auch momentanen Verbesserungen dienten, Stückwerk bleiben, so lange sie nicht den Rahmen des alten Heerwesens sprengten und mit einer Reform des preußischen Staatswesens in allen Teilen einhergingen.

Friedrich Wilhelm III. und das Uniformierungswesen

Nach dem Regierungsantritt König Friedrich Wilhelm I. 1713 prägte der Anblick von Uniformen das öffentliche Leben Preußens. Entsprechend der dominierenden Rolle des Militärs gehörten Uniformen wie in keinem anderen Land zum alltäglichen Bild der Städte und Dörfer. Dank der exponierten Stellung des Offizierskorps sowie der persönlichen Identifizierung des Königs mit dem Heer waren Uniformen auch aus dem Hofleben nicht wegzudenken. Seit 1725 trug Friedrich Wilhelm I. beständig die Uniform des Leibbataillons. Alle nachfolgenden preußischen Könige bevorzugten ebenfalls den blauen Rock als meistgetragenes Kleidungsstück.

Von klein auf war auch Prinz Friedrich Wilhelm mit dem Anblick von Uniformen in seiner Familie, am Hof und in der Öffentlichkeit konfrontiert. Mit seiner Ernennung zum Fähnrich erhielt er selbst eigene Uniformen. Mit dem Anlegen der Uniform durch die königlichen Prinzen begann nicht nur schlechthin ihre militärische Laufbahn, sondern ihre Verbundenheit mit der Armee und allem Militärischen sollte von Anfang an systematisch anerzogen werden. Mit dem Tragen der Uniform dokumentierten und symbolisierten sie für jedermann mit Nachdruck ihre eigene Stellung als Repräsentanten der Krone und des Landes.

Bereits seit frühester Jugend zeigte Friedrich Wilhelm ein ausgeprägtes Interesse für Uniformen und deren Ausgestaltung. Sein ganzes Leben lang beschäftigte er sich gerne und ausgiebig mit Details von deren Ausschmückung wie auch Änderungen von deren Schnitt und war damit eingehend bemüht, seine Beiträge zur Uniformierung in Vorschriften und Verordnungen festzuschreiben. Damit hatte sich der junge Prinz wenigstens ein Betätigungsfeld erschlossen, in das ihm keiner hineinreden konnte, das ihm Freude bereitete und das ihn ausfüllte. Gerade eine intensive Beschäftigung mit Kleinigkeiten, wie sie die Vielfältigkeit der unterschiedlichen Ausschmückungselemente verlangte, entsprach seinem Charakter und seinen Neigungen. Seine Ideen und Vorstellungen setzte er kreativ in Skizzen und Entwürfe um. Ob nun von selbst auf den Gedanken gekommen oder von anderen dazu angeregt, ab 1785 legte er sich eine Uniformsammlung von Montierungsstücken der friderizianischen Armee zu[41]. Er hatte sich Friedrich II. als Verkörperung des Ruhms der preußischen Armee, den dieser sich in den drei Schlesischen Kriegen erworben hatte, zum Vorbild genommen. Zum anderen dürfte er zu dieser Sammlung wohl von seinem Großvater, dem Landgrafen Ludwig IX. von Hessen-Darmstadt, der von 1768–1790 regierte[42], angeregt worden sein. Ludwig war von 1743 bis 1757 Chef des in Prenzlau garnisonierten Infanterie-Regiments No. 12 und hatte im Laufe der Jahre eine für die damalige Zeit das Montierungswesen einzigartige Realiensammlung angelegt. Sie umfaßte mehr als dreitausend Stücke, wobei die preußischen Realien den zahlenmäßig größten Teil ausmachten. Für die im elsässischen Buchsweiler aufbewahrte Sammlung gab es genau und detailliert geführte Inventare. Da die Uniformen im Zuge von Übergriffen französischer Revolutionstruppen verloren gingen, kommt dem sogenannten Buchsweiler Inventar heute eine erstrangige kultur- und militärhistorische Bedeutung zu.[43] Aufgrund der verwandtschaftlichen Beziehungen kann man schließen, daß Friedrich Wilhelm die Sammlung des Großvaters kannte. Von ihm wird er konkrete Anregungen empfangen haben, Uniformstücke nicht nur zu sammeln, sondern sich damit auch sachkundig zu befassen. Daß er dem entsprochen hat, belegt eine Instruktion für das Infanterie-Regiment No. 18, dessen Chef Friedrich Wilhelm von 1790 bis 1806 war[44]. Die wohl aus dem Jahre 1790 stammenden Aufzeichnungen halten nicht nur fest, wie die einzelnen Montierungsstücke bzw. die Haar- und Barttracht beschaffen sein sollten, sondern geben auch Aufschluß von den Überlegungen, die der Kronprinz dazu angestellt hat. Diese Instruktion lautet:

«Zum guten Anzuge eines Soldaten wird erfordert, daß 1. der Hut gut in die Augen sitze; anher muß hinter dem Hut soweit vom Zopf bleiben, so daß man eine Hand dazwischen legen kann. Es muß daher besorgt werden, daß (die) Hutmacher die Hüte nach verschiedenen Formen machen, damit sie nicht nach grade Wohl aufgesetzt werden. …Um den Hutknopf muß eine Schnur (gemeint ist der Kordon – der Verf.) angebracht werden, um ihn, wenn er sich weiten sollte, anzuziehen. …

2. Die Frisur
muß jederzeit glatt und ordentlich sein und auf jeder Seite eine Locke sitzen. Die großen Backenbärte dürfen durchaus nicht stattfinden. Sobald ein Kerl 40 Jahre alt ist, muß er sich den Bart stehen lassen, bei denen Grenadiers aber sobald es angeht; falsche sollen aber nicht gelitten werden, auch sollen sie nach der Farbe des Haares und nicht alles schwarz aufgesetzt werden.

3. Der Zopf.
Der Zopf muß gut eingemacht sein und darauf gehalten werden, daß sie möglichst egal sein. Oben muß der Zopf so eingebunden sein, daß wenn der Kerl grade steht, er grade mit dem obern Theil der Halsbinde seinen Anfang nehme.

4. Die Halsbinden
müssen … nach der Länge des Halses eingerichtet sein, sie müssen gut um den Hals schließen, doch so, daß sich der Mensch keine Gewalt anthut.

5. Der Rock
muß überall am Leibe anschließen, doch nicht zu eng, damit der Kerl sich zu regen im Stande ist. Er muß bis ein Spann breit oberhalb der Knie, durchaus aber weder bei Unteroffizieren noch Gemeinen, wenn sie im Dienst sein, weiter heruntergehen. Oben am Hals muß er gut schließen, doch muß der Kragen sitzen: vorne nicht zu hoch, hinten aber kann er mit (dem) oberen Rande der Binde gleich sein. Der oberste Haken muß zwei Finger breit unter dem Kragen sitzen, damit dem Kerl das Athemholen frei bleibe; der andere Haken muß bei der dritten Schleife (gemeint ist die Stickereischleife auf der Rabatte – der Verf.) sitzen und von da an muß der Rock allmählich wegfallen so, daß das Säbelgefäß frei bleibe. Die Aufklappen (Rabatten – der Verf.) müssen nicht so breit sein wie vorher, sondern etwas schmäler gemacht werden. Hinten in der Taille müssen die Röcke auch nicht so breit sein, weil die Rücke sonst ein schlechtes Gesäß bekommen. Der Dragoner muß gerade auf der Schulter und weder zu weit vor – noch zu weit rückwärts angenäht sein. Unter dem Kragen zwischen der Klappe (Rabatte – der Verf.) muß ein großer Haken angenäht sein, welcher den Taschenriemen hält, damit er sich nicht verschieben kann.

6. Die Weste
muß dicht am Leibe schließen, und damit sie immer so bleibt, muß sich der Bursche ein Paar Bänder hinten annähen, um sie damit anzuziehen, wenn es nöthig ist. Die Patten (Taschenklappen) müssen nicht zu lang sein und vorne so weit weggeschnitten sein, damit sie just einen rechten Winkel ausmachen, wenn die Weste zugemacht ist.

7. Die Hosen
müssen eng an den Beinen schließen, doch im Schritt so sein, daß der Kerl niederfallen (gemeint ist das Niederknien des ersten Gliedes beim Feuern – der Verf.) kann, ohne daß sie platzen; auch müssen sie hoch genug heraufgehen, nur daß sie unter der Weste nicht herausgucken, welches durchaus nicht ge-

litten werden darf. Unten müssen die Schlitze am Knie nicht zu lang sein, damit sie nicht zu den Stiefeletten heraussehen.

8. Die Stiefeletten

müssen ohne Falten zu schlagen, doch so gemacht werden, daß sie nicht pressen und den Menschen den Fuß einschlafend machen.

9. Die Schuhe

müssen entweder gebunden oder geschnallet sein, doch so, daß niemals etwas unter den Stiefeletten zu sehen sei.

10. Das Kolleret (Vorhemd – der Verf.)

muß von guter Leinwand sein und an allen ein egales Jabot angenäht sein, welches den Kerl putzt.

11. Das Gehenk

muß fest, doch ohne zu drücken, um den Leib geschnallet werden, und muß die Schnalle gerade auf dem letzten Westenknopf sitzen. Die Gehenktasche (Lasche für die Scheide des Säbels – der Verf.) muß nicht so weit vorne sein, damit der Säbel das Gewehrtragen nicht behindert.

12. Die Säbeltroddeln

müssen alle egal angemacht sein und grade auf der Art, wie sie (die) Garden angemacht haben.

13. Die Gewehre

… müssen allemal blank sein und rostfrei, ohne sie viel zu polieren, damit die Läufe nicht abgenutzt werden. Die Schäfte und Gewehrriemen müssen alle Jahr zur Revue frisch angestrichen oder lackirt sein.

14. Die Patronentasche

muß immer blank gehalten werden und muß, wenn der Bursche zum Exerzieren gehet, hinten am Gehenke angebunden werden, damit sie nicht hin und her flieget, auch müssen sie alle Jahre zur Exerzierzeit angepasset werden, damit sie gliederweise zur Revue so viel möglich egal sein und allmählich abfallen. Deshalb müssen sie oben mit der hintersten Schleife der Taille gleich sein.

15. Alles Lederzeug

muß jederzeit weiß gekreidet sein und keine Flecke gelitten werden.

Wenn beim Exerzieren die Feldequipage umgehängt werden soll, so geschieht es folgendermaßen. Zuerst kommt der Brotbeutel über der linken Schulter und drüber die Patronentasche; linkerhand über der rechten Schulter wird der Tornister gehangen. Der Regendeckel muß auf dem Tornister zwischen beide Riemen angebunden werden.»[45]

Diese Instruktion vermittelt einen Einblick von der bis ins Detail gehenden Beschäftigung Friedrich Wilhelms mit Bekleidungs- und Ausrüstungsfragen bereits während der Kronprinzenzeit. Sie läßt auch einen Hang zur Pedanterie erkennen. Ebenso wird aber auch deutlich, daß der straffe und enge Sitz der einzelnen Monturteile nicht ohne, wie oft bisher, sondern mit Rücksicht auf die Träger erzielt werden sollte. Die entsprechenden Hinweise zur Halsbinde, den Rock oder die Stiefeletten belegen, daß der junge Friedrich Wilhelm Verantwortung für die ihm im Regiment anvertrauten Soldaten fühlte.

Zunächst kannte der Kronprinz das Militärleben lediglich aus dem Garnison- und Revuedienst seines Regimentes. Durch die Teilnahme an der Rheinlandkampagne und am Feldzug in Polen gewann er nähere und nachhaltige Einblicke in die inneren Verhältnisse des Heeres und sein Funktionieren. Seiner wachen Beobachtungsgabe und Aufmerksamkeit entgingen die Mängel in der Verpflegung, Bekleidung und Ausrüstung der Gemeinen nicht. Neben den Unzulänglichkeiten und Mißständen im Heer, der schleppenden Kriegführung infolge vielfacher Entscheidungsunfähigkeit der militärischen Führung wie auch dem Zweifel am Nutzen und Sinn der Kriegsteilnahme gegen Frankreich mußte der junge Mann auch seine Ohnmacht erfahren, hieran vorläufig etwas ändern zu können. Sein unterentwickeltes Selbstvertrauen wurde durch diese Umstände eher noch genährt als aktivistisch in Frage gestellt. Welch willkommene Ablenkung mußte da die Beschäftigung mit der Uniformierung sein. Er fertigte während der Feldzüge zahlreiche Uniformskizzen an, die er u. a. den Briefen an seine Gattin beifügte. In jener Zeit werden wohl die Gedanken und Überlegungen gereift sein, die in den Jahren nach 1797 zu einer kontinuierlichen Folge von Änderungen im Schnitt und der Form, in der Ausgestaltung und Ausschmückung und somit im äußeren Erscheinungsbild der Monturen führten. Auf Beispiele und Einzelheiten wird im Abschnitt «Die Uniformen» eingegangen.

Wird von der Uniformierung der preußischen Armee und vom speziellen Interesse König Friedrich Wilhelms III. daran gesprochen, muß auch auf die Voraussetzungen dafür eingegangen werden, denn alle Montur- und Ausrüstungsgegenstände müssen hergestellt und beschafft werden. Richtlinien über zu verwendende Materialien und Mengen, Preisfixierungen und Verteilungsmechanismen sind notwendig. Das war das Metier der unter König Friedrich Wilhelm I. systematisch aufgebauten Militärbekleidungswirtschaft samt ihrer Verwaltungsbehörden. Sowohl der organisatorische Aufbau dieser Wirtschaft als auch die Arbeit ihrer Behörden erwiesen sich als effizient. Die zentrale Organisation von Beschaffung, Fertigung, Verteilung und Bezahlung mittels des Systems staatlicher und militärischer Planung bewährte sich unter drei Königen in Friedens- wie in Kriegszeiten gleichermaßen. Im Grunde genommen setzte Friedrich Wilhelm II. in Fragen der Militärbekleidungswirtschaft die Politik seiner Vorgänger nur fort. Unter König Friedrich II. liefen Planung, Organisation und Bezahlung über die Generalkriegskasse, die unter seinem Vater gebildet und dem General-Direktorium unterstellt wurde. In diese waren als gesonderte Bereiche die Generalkleiderkassen für die Infanterie und die Kavallerie sowie Generalpferdekasse integriert. Die Generalkriegskasse regelte alle Ausgaben für die Bekleidung und Ausrüstung der Unteroffiziere und Gemeinen. Ab 1787 bestimmte über diese Kasse das unter König Friedrich Wilhelm II. geschaffene Oberkriegskollegium, dessen 2. Departement sie seit 1796 bildete. Auch unter Friedrich Wilhelm III. regelte diese Einrichtung bis 1806 alle Angelegenheiten in Bekleidung, Ausrüstung und Bewaffnung. Detailliert aufgeschlüsselt und für jeden Truppenteil spezifiziert ausgewiesen, enthielten sogenannte Ökonomie-Reglements die Vorschriften und Anweisungen bezüglich Monturen und anderen Gegenständen, die dem Soldaten zustanden. In diesen Dokumenten mit Gesetzescharakter waren exakt alle Montierungsstücke neben deren Preisen und Materialverbrauchsnormen wie auch deren Tragezeit aufgelistet. Auch war aufgeführt, in welchen zeitlichen Abständen den Soldaten neue Bekleidungs- und Ausrüstungsgegenstände auszugeben waren. Ferner wurden darin für die Truppenteile auch Lieferanten und Hersteller verbindlich benannt. Das Reglement von 1753 war unverändert bis zum Tode Friedrich des Großes gültig. Als wichtig für die Wirtschaft Preußens erwiesen sich die Festlegungen bezüglich der Bezahlung und Beschaffung. In der Verfahrensweise nach dem Ökonomie-Reglement von 1753 unterschied die Dienststelle[46], die der Generalkleiderkasse vorstand, zwischen Truppenteilen, die in und in der Nähe Berlins lagen sowie entfernteren. Die entfernteren schlossen Verträge direkt mit Lieferanten und Herstellern ab. Für alle anderen Regimenter erledigte das die Berliner Dienststelle. Ein Regiment erhielt lediglich einen Teil der laut Etat ausgewiesenen Kleidergelder bar auf die Hand: die für die kleinen Monturstücke (z. B. Unterwäsche), die für die selbst zu besorgenden Gegenstände und die für die Begleichung von Herstellungskosten. Die Geldauszahlung erfolgte anteilmäßig entsprechend der im Ökonomie-Reglement vorgegebenen Erneuerung der Stücke. Für Gegenstände mit einjähriger Tragezeit erhielt das Regiment monatlich den zwölften Teil ihres Preises bzw. ihres Macherlohnes. Gleiches galt für Material, welches die Zentralstelle lieferte. Diese Regelung sicherte Kontinuität von Produktion und Geldumlauf wie auch zeitlich gleichmäßige Beschäftigung der Tuchproduzenten und Schneider[47]. Nach 1797 wurde hierin im Wesentlichen weiterverfahren, nicht zuletzt weil unter den Königen Friedrich Wilhelm II. und Friedrich Wilhelm III. keine Ökonomie-Reglements mehr aufgestellt worden waren. Es handelte sich, wie bereits festgestellt, um ein festgefügtes System, das nach wie vor funktionierte. Lediglich vom Oberkriegskollegium herausgegebene Montierungsetats wiesen nach 1797 für die Truppenteile den Friedens- und Kriegsetat voneinander getrennt aus. Alle anderen Bestimmungen waren allgemein gehalten und ließen für die Regimenter einen größeren Spielraum zu. Dieser lag hauptsächlich auf der Regiments- und Kompanieebene. Wie wir bereits wissen, war es die Kompaniewirtschaft, die direkt das Leben der Soldaten und Unteroffiziere tangierte. Im

Lohn (Sold) waren auch die Kleidergelder enthalten, d.h. der Soldat bzw. Unteroffizier hatte seine Uniform selbst zu bezahlen. Jedoch wurden ihm die dafür veranschlagten Beträge, wie auch dem Offizier, nicht ausbezahlt. Unter Friedrich Wilhelm III. durften alle Regimenter direkt Verträge mit Herstellern und Lieferanten schließen[48]. Die Generalkleiderkasse überwies nach dem Etat anteilmäßig zentral die zu liefernden Materialien (z.B. Tuche) auch die Beträge für die Begleichung der Rechnungen von den Herstellern (z.B. Schneidern) an die Regimentskassen. Dem Quartiermeister des Regiments oblag dann die Umverteilung von Regimentsebene auf die Kompanieebenen. Im Kompaniebereich kam dann der Gemeine direkt mit allen seine Bekleidung und Ausrüstung betreffenden Fragen und Problemen in Berührung. Sowohl Ausgabe und Abgabe als auch Neuverteilung und Reparaturen und schließlich Pflege fanden auf Kompanieebene statt. In den Quartieren hatte jede Kompanie eine Kammer für die Monturen einzurichten, der ein Unteroffizier vorstand. Er führte die Bezeichnung Capitain d'Armes. Dieser hatte in der Kammer für jeden Kompanieangehörigen gesondert und mit dessen Namen beschriftet einen Platz für dessen Monturstücke einzurichten und war für die ordnungsgemäße Beschaffenheit und Vollzähligkeit dieser Stücke verantwortlich. In einer zeitgenössischen Darstellung aus dem Jahre 1805 ist u.a. vermerkt: «2) Diese Nägel (Haken für Monturstücke – der Verf.) müssen folgendergestalt eingeteilt und abgesondert werden. Erst die Unteroffiziere und Tambours, hierauf die Dienstthuenden, dann die Freiwächter und zuletzt die Beurlaubten, Artilleristen und Gemeine, weil letztere nicht viel Helle (Licht – der Verf.) erfordern, und seltener ausgegeben und abgenommen werden. 3) Wenn die Montierung ausgegeben werden soll, daß heißt, complett zur Revue mit alle dem zubehörigen neuen Zeuge, so muß der Capitain d'Armes einem Manne nie mehr als zwei Montierungen geben, damit nichts vertauscht oder verloren gehn kann, hierbei muß der Capitain d'Armes diesem Manne jedes Stück geben und es ihm benennen, z.E. die Montierung, Rock, Weste, Hosen, Stiefeletten, Hut, Flintenriem und Pfanndeckel, Portepee und Ueberzug, Colleret, Binde, Haarband, Steinfutter, Brandriem, damit, wenn er etwas davon verliert, er nicht sagen kann: er habe dieses oder jenes Stück nicht bekommen. Bei allen Ausgaben muß niemand auf die Kammer gelassen, sondern die Sachen zu dem kleinen Gatterthürchen hinaus gereicht, und auch wieder abgenommen werden.»[49] Hieraus wird ersichtlich, welcher Stellenwert der Bekleidung beigemessen wurde.

Aus den zentral gelieferten Tuchen hatten auf Truppenebene durch Vertragsabschlüsse mit dem Schneiderhandwerk die Monturstücke angefertigt zu werden. Dabei zog man ortsansässige Schneidermeister vor, denn diese hatten eine solche Spezialisierung erreicht, daß sie durchaus die Bezeichnung Regimentsschneider verdienten. Diese fertigten auch die Offiziersröcke und andere Kleidungsstücke. Die Bekleidung der Offiziere wurde als Uniform[50] bezeichnet und von diesen selbst bezahlt. Die Generalkriegskasse zahlte die Offizierslöhnung in voller Höhe an die Regimentskassen. Diese behielten jedoch davon das Kleidergeld ein. Bei Regimentern, die aufwendige und somit teure Stickereien als Ausschmückungselemente an den Röcken führten, ergaben sich hieraus bei jährlicher Anschaffungspflicht gerade für Subalternoffiziere erhebliche finanzielle Belastungen. Hinzu kam, daß alle Extras der Offizier ohnehin selbst begleichen mußte. Ab 1798 durften sich die Offiziere ihre Uniformen selbst beschaffen. Der Regimentschef hatte lediglich darauf zu achten, daß seine Offiziere ordentlich und den Vorschriften entsprechend gekleidet waren. War das gewährleistet, konnte der Chef entsprechend der materiellen Lage seiner Offiziere entscheiden, ob der jeweilige Offizier mit der jährlichen Neuanschaffung aussetzen (diese «überschlagen») durfte. Dem Offizier stand es frei, seine Kleidung selbst zu besorgen oder über den Regimentsquartiermeister besorgen zu lassen. Im ersten Falle erhielt er hierfür das Geld aus der Regimentskasse und im zweiten beglich der Quartiermeister die Rechnung. Bleibt noch zu vermerken, daß ein Überschlagen die Auszahlung eines höheren Lohnes nach sich zog.

Mit der Beschaffung und Bezahlung der kleinen Monturstücke war zugleich das Negative der Kompaniewirtschaft verbunden. Auf die lange und ebenso dürftige wie mühselige Dienstzeit als Subalternoffizier ist bereits hingewiesen worden. Hatte ein solcher Offizier endlich die Dienststellung eines Kompaniechefs erreicht, so wird angesichts der damaligen Preissituation verständlich, daß diese Position nicht schlechthin eine enorme Verbesserung der Lebenslage bedeutete, sondern auch die Möglichkeit eröffnete, sich in skrupelloser Art und Weise sowohl auf Kosten der Soldaten als auch des Staates zu bereichern. Es wäre jedoch falsch, alle Kompaniechefs und Stabsoffiziere der preußischen Armee dieser Zeit undifferenziert als bloße Geschäftemacher einzustufen. Selbstverständlich gab es unter ihnen auch viele ehrbare Vertreter ihres Berufes, trotz des kargen, mitunter zwanzig Jahre und länger währenden Leutnants- und Premierleutnantsdaseins. Fest steht, daß im letzten Drittel des 18.Jahrhunderts das System der Kompaniewirtschaft eine der Ursachen des Verfalls und der Aushöhlung des preußischen Heerwesens dieser Zeit war. Als eine Art eigenständiger Unternehmer hatte der Kompaniechef hinsichtlich der kleinen Monturstücke, zu denen das Unter- und Vorhemd, die Halsbinde und die Stiefeletten sowie Kittel und Lagermützen zählten, freie Hand für die Art und Weise der Beschaffung und der Wahl des Materials. Über die Zwischenstufe der Regimentskasse bekam er hierfür Geldbeträge von der Generalkleiderkasse direkt ausbezahlt. Für die Anfertigung dieser Sachen erhielt die Truppe das Material nicht von der Zentralstelle geliefert, wie das z. B. beim Rocktuch der Fall war. Es lag beim Kompaniechef, wie er das ihm hierfür ausbezahlte Geld einsetzte und so sein eigenes Gehalt aufbesserte. Als Unternehmer konnte er nach Angebot über Material und Herstellungskosten selbst entscheiden. Die Tragezeiten für die kleinen Monturstücke waren zwar vorgeschrieben, dennoch hatte der Gemeine bei der Unterwäsche z. B. keinen automatischen Anspruch auf Erneuerung. Die Beurlaubten hatten sich ohnehin diese Stücke auf eigene Kosten zu besorgen. «Die Leute mußten die Sachen möglichst über die Dauerzeit tragen; die Frau Hauptmannin verrichtete selbst mit Hülfe ihrer Kinder das Hemdennähen, und da der arme Soldat mit allem zufrieden sein mußte, so gab es natürlich ziemlich lange und weite Stiche und lose Nähte, bei oft kurz zugeschnittenen Hemden.»[51] Der Gemeine erhielt vom Kompaniechef nicht nur in willkürlich gewählten Abständen minderwertige Ware, sondern dieser sparte auch noch den Macherlohn ein, indem er seine Familienangehörigen dafür arbeiten ließ. Außer solchen Formen der Knauserei, die der Untergebene direkt zu spüren bekam, eröffnete die Heeresverfassung dem Kompaniechef weitere Einnahmequellen. Z. B. erhielt er die Beträge für die kleinen Monturstücke für die gesamte Kompanie, so daß er die Gelder für die Freiwächter und die für zwei Monate exerzierenden Urlauber für sich einbehalten konnte. Konkret bedeutet das einen unerlaubten Griff in die Staatskasse. Wenn auch die Möglichkeiten persönlicher Bereicherung bezüglich der großen Monturstücke stark eingeschränkt waren, so kam es dennoch gegen Ende des Jahrhunderts zu Veränderungen in der Verfahrensweise. Schloß man bisher Verträge zur Anfertigung der Uniformen mit hierauf spezialisierten Schneidermeistern ab, so sahen viele Offiziere darauf, in ihrer Kompanie auch diesbezüglich befähigte Soldaten zu haben. Reparaturen wurden seit altersher ohnehin in der Truppe auf Kompanieebene ausgeführt. Da das zivile Schneiderhandwerk in Preußen zunftmäßig organisiert war, führte diese illegale Soldatenschneiderei unaufhörlich zu prozessualen Zerwürfnissen mit diesem Handwerk. Verstärkt litt darunter natürlich das öffentliche Ansehen der Armee. Es dürfte jedoch sicher sein, daß die schneidernden Soldaten einen geringeren Lohn bekamen, als die zivilen Meister zu beanspruchen hatten. Und eine Aufbesserung des Soldes dürfte den Gemeinen nur recht gewesen sein. In der Praxis ist diese Verfahrensweise, die die in den Montierungsetats nicht berücksichtigten gestiegenen Materialpreise ausgelöst hatten, von staatlicher Seite etwa ab 1800 toleriert worden. «Diese ewigen Plackereien und Gesetzesüberschreitungen gaben den Hauptleuten und Rittmeistern eine für den Dienst höchst nachteilige Stellung zu ihren Untergebenen. Anstatt daß ein solcher Vorgesetzter als Vater seiner Soldaten erscheinen soll, bekam er hier die Stelle eines wuchernden Krämers.»[52]

Die Kompaniewirtschaft, die aus den «Unternehmer-Heeren» des 17.Jahrhunderts hervorgegangen war, hielt sich in Preußen bis 1806. Innerhalb des Militärbekleidungswesens war sie die Wirtschaftsform mit der weitestgehenden Selbständigkeit für die Kompaniechefs. Die vielen Einsparungen bei der Materialqualität und im Materialverbrauch resultierten zwar unmittelbar aus der materiellen Lage der Subalternoffiziere, hatten jedoch in der preußischen Heeresverfassung ihre eigentliche Voraussetzung. Auf die bereits hingewiesene angespannte Finanzlage Preußens reagierte König Friedrich Wilhelm III. mit radikalen Sparmaßnahmen im Hofleben, aber auch beim Militär. Diese fielen auf seinem Lieblingsgebiet, der Uniformierung, seltsamerweise besonders kleinlich aus. «Die Röcke, ursprünglich zum Zuknöpfen bestimmt, wurden in den Regimentern immer kürzer geschnitten, um dadurch im ganzen eine nicht unbedeutende Ellenzahl zu ersparen. An den Westen, welche mit Ärmeln angefertigt werden sollen, ließ man diese zum Vorteil der Hauptleute ganz wegfallen und bestimmte die Tragezeit eines jeden Monturstückes oft um die Hälfte länger, als es der Etat vorschrieb.»[53] Diese vom König zum angeblichen Nutzen der Staatskasse vorgeschriebenen Einsparungen mußten eine Vorbildwirkung auf die als Unternehmer fungierenden Kompaniechefs haben und zur Nachahmung für die kleinen Monturstücke führen.

Uniformwerk des Leutnants Ramm

Die stehenden Heere brachten die Herausbildung differenzierter Verwaltungsstrukturen und eine Gliederung in unterschiedliche Truppenteile mit sich. Zum Heer gehörten verschiedene Waffengattungen und Einrichtungen aller Art zu deren Sicherstellung. Unabhängig von der Größe eines Staates verteilten sich die einzelnen Truppenkörper über das ganze Land, wobei versorgungstechnische und örtliche, aber auch strategische sowie verteidigungspolitische Gesichtspunkte eine Rolle spielten. In der Öffentlichkeit traten die Soldaten vor allem durch das Tragen der Uniform in Erscheinung. Diese war im 18. Jahrhundert auffällig und farbenfroh. Dennoch bestand in der Vielfalt der Farbgebung sowie im Formen- und Variantenreichtum der Ausschmückungselemente System, und die staatliche Zugehörigkeit war unverwechselbar kenntlich. Durch das Anlegen der Montur verkörperten die Träger die Macht der Krone nach innen wie nach außen. Als das Heerwesen zu einer festen Institution geworden war und seine einzelnen Formationen auf eine Tradition zurückblicken konnten, entstanden auch der Gedanke und der Wunsch, die Armee in ihren Bestandteilen in Wort und Bild zu fixieren. Dabei dachten die Auftraggeber und Herausgeber bzw. die Künstler weniger an eine Überlieferung für die Nachwelt, als vielmehr an ein Arbeits- und Dokumentationsmittel für die Zeitgenossen. Daß solche Darstellungen repräsentativ waren und künstlerischen Ansprüchen genügten, macht die wenigen heute noch vorhandenen besonders wertvoll, interessant und ansehenswert.

Im und nach dem Siebenjährigen Krieg erfuhren schematische und bildliche Darstellungen vom Heer eine weite Verbreitung und erfreuten sich allgemeiner Beliebtheit. Derartige Werke erzielten also auch propagandistische Wirkungen. Die Folge war die Anfertigung einer ganzen Reihe von Armeewerken, denen heute Seltenheitswert beigemessen wird. Überdies zählen sie zu den heeres- und uniformkundlichen Primärquellen. Die Idee, Teile einer Armee in bildlicher Folge vorzustellen, wurde wohl zuerst in Frankreich verwirklicht[54]. Im Verlauf des 18. Jahrhunderts kamen auch in Preußen unterschiedlichste Formen zur Veröffentlichung. Ursachen und Anlaß, Art und Weise, Methode und Ausführung konnten dabei verschieden sein. Das Vorliegen eines unmittelbaren Auftrages durch den Landesherrn war ebenso möglich, wie die Initiierung durch eine private Einzelperson. Von wenigen handgefertigten Exemplaren für repräsentative Zwecke bis hin zur gedruckten Massenauflage für eine breite Öffentlichkeit reicht ihre Vervielfältigung. Werke dieser Art können nach der Form der Darstellung in Schematismen (Schemata), Farbkataloge oder Bilderhandschriften unterschieden werden[55]. Bilderhandschriften weisen häufig Seriencharakter auf. So schön diese Abfolgen farbiger Blätter für sich auch immer anzusehen sind, ohne entsprechende schriftliche Informationen wären sie weitestgehend nutzlos. Oft wurde das uniforme Äußere der Armee in allen Truppenteilen vollständig wiedergegeben, Angaben zu deren Geschichte gemacht, die Namen der Regimentschefs aufgelistet sowie Garnisonsorte aufgeführt, so daß insgesamt ein Überblick über den Aufbau und die Struktur des Heeres zur gegebenen Zeit vermittelt wird. Umfang und Darlegung dieser Informationen sind im einzelnen unterschiedlich. Sie liegen handgeschrieben oder gedruckt vor und geben außerdem Einblicke in die Schreib- und Sprachweise der jeweiligen Zeit.

Angesichts der Vorliebe Friedrich Wilhelm III. für Uniformen überrascht es nicht, daß auch er das Bedürfnis hatte, sein Heer vollständig und in bildlicher Form präsentiert zu sehen. Am 6. August 1798 wurde dem Leutnant der Artillerie August Leopold Ramm die Lizenz erteilt, die neuen Monturen dieses Heeres in ihrer Gesamtheit und Pracht festzuhalten. Der am 26. März 1765 in Wriezen geborene Offizier schuf ein Kupferstichwerk von hervorragender Güte. Es ist betitelt mit «Tabellarische Nachweisung von allen Regimentern und Korps der Königlich Preußischen Armee unter der Regierung Sr. Majestät Friedrich Wilhelm III. zur Erläuterung der Abbildungen von denen Militair-Uniformen in illuminierten Kupfern dargestellt.».

Auf 142 oktavformatigen Kupferstichtafeln[56] in gebundener Ausführung wird dem Betrachter das uniforme Äußere in Offiziers- und Mannschaftstypen dargeboten. Nach Waffengattungen geordnet, sind die Tafeln in den neun Abteilungen Königliche Suite; Infanterie-Regimenter; Leichte Infanterie; Artillerie-, Pontonier-, Ingenieur- und Mineur-Corps; besondere Corps; Kürassier-Regimenter; Dragoner-Regimenter; Husaren-Regimenter und Unterstab zusammengefaßt. Zwischentitelblätter sind den Abschnitten vorangestellt. Auf 46 Seiten (einschließlich eines Berichtigungsblattes) in Fraktur gesetzt, wird die Zusammensetzung der Armee dargelegt. Für jeden Truppenteil werden dessen Nummer und Gründungsjahr, alle seine Regimentschefs und Garnisonsorte tabellarisch aufgeführt. Ferner werden Angaben zur Zusammensetzung der Formationen gemacht. Die auf Büttenpapier gedruckten Kupferstiche weisen einen Plattenrand als Prägung auf. Im Fußbereich sind die Figuren in eine angedeutete Landschaft gesetzt. Damit alle Details der Uniform klar zu sehen sind, verzichtete der Künstler auf eine Hintergrundgestaltung. Alle Bilder sind durch eine einfache Linie gerahmt. Rechts über dem Bildrand ist die Regimentsnummer verzeichnet. Auf eine Paginierung wurde verzichtet. Besondere Uniformarten wie auch Einzelchargen sind unter dem Bild zusätzlich bezeichnet. Das unterschiedliche Äußere der Truppenteile wurde vom Künstler in eine typisierte Serienwahl von 13 zweifigurigen Grundtafeln[57] gebracht, die gemischt im Werk angeordnet und regimentsgemäß koloriert sind. Diese Grundtypen kommen zahlenmäßig in unterschiedlicher Wiederholung vor. Das Blatt mit der Darstellung der Kampagne-Uniform der Generalstabsoffiziere der Kavallerie ist eine Einzeldarstellung. Kadetten und Militärschüler erscheinen zu dritt auf einem Blatt. Die Typen vom Infanterie-Regiment No. 58 figurieren in einer Vorstellung, die sich in dieser Art nur bei der berittenen Artillerie wiederholt. Die Gala-Uniform des Husaren-Regiments H 2 (siehe Titelbild) ist eine echte Einzeldarstellung, die sich vom Typ her ebenfalls nicht wiederholt.

Sämtliche Figuren sind von graziler Körperhaltung. Der schlanke Körperbau unterstreicht noch den knappen und enganliegenden Schnitt der Monturen, der dem damaligen Modeverständnis entsprach. Die künstlerisch ansprechende Umsetzung der einzelnen Typen gibt zugleich Einblicke in den Zeitgeschmack. Uniformkundlich sind die Stiche von ausgezeichneter Qualität und mit größter Sorgfalt von Hand koloriert worden. Alle Details und Accessoires wurden mit Akribie und profunder Kenntnis der Vorschriften in die Figuren eingesetzt. Besonders augenfällig wird das in den Ausschmückungselementen; den Borten und Schleifen, Tressen und Stickereien. Das hatte ein erstaunliches Einfühlungsvermögen der Koloristen zur Voraussetzung. Grund- und Mischfarben wurden variabel eingesetzt, was sich insbesondere bei der Vielfalt der Abzeichenfarben positiv bemerkbar macht. In ihrer Gesamtheit wirken diese farbigen Blätter ungemein reizvoll, und das Sujet besitzt neben der heeres- und uniformkundlichen Bedeutung auch einen kulturgeschichtlichen Wert. Nach damaligem Verständnis entsprach das Werk gediegenen Luxusvorstellungen. Besonders aufwendig und zeitraubend dürfte die feine Ausführung der Kolorierung gewesen sein. Da das Werk in mehreren Exemplaren herausgegeben worden ist, konnte Ramm unmöglich alle Blätter selbst farbig gestalten. Die hier veröffentlichten Blätter stammen aus einer Ausgabe, in der jedes Blatt rückseitig mit dem Wappen Ramm's versehen ist. Vermutlich wurde diese Ausgabe von ihm selbst oder unter seiner Aufsicht koloriert. Jedenfalls könnte die uniformkundliche Stimmigkeit hierfür ein Indiz sein.

Mit den Blättern dieses Offiziers wird eine Tradition von Armeewerken fortgesetzt, die in Preußen mit den beiden Dessauer Spezifikationen von 1729 und von 1737 ihren Anfang nahm[58]. In den folgenden Jahren gab es u.a. als General-Listen oder Stamm-Listen edierte Werke, die ebenfalls Uniformdarstellungen enthielten. Gegenüber diesen schematischen Darstellungen wurde in späteren einer figürlichen Vorstellung der Armee der Vorzug gegeben. Für den Betrachter ist diese Form der Darstellung weit besser zu erfassen, als die in Form von Schemata oder eines Farbkataloges.

Zur Person des Artillerie-Leutnants Ramm ist nur wenig bekannt. Gewiß ist, daß er 1790 das Patent zum Sekondeleutnant der Artillerie erhielt. 1793 nahm er am Rheinlandfeldzug teil, und zum Zeitpunkt der Entstehung der Blätter übte er die Funktion eines Adjutanten im 1. Artillerie-Regiment in Berlin aus. Bis zum Jahre 1808 blieb er Sekondeleutnant. Eine achtzehnjährige Dienstzeit ohne Beförderung war in der preußischen Armee nichts Außergewöhnliches – schon gar nicht für einen Artilleristen bürgerlicher Herkunft. Im gleichen Jahr dimittierte er als Kapitän (Hauptmann).

Die Uniformdarstellungen in Ramm's Werk basieren auf dem Beschluß des Königs vom 22. März 1798. Wie bereits erwähnt, erging der Auftrag an Ramm am 6. Dezember gleichen Jahres. Aus einer Uniformänderung (Einführung des blauen Dolmans beim Husaren-Regiment H 3), von Ramm durch Einfügen eines Zusatzblattes berücksichtigt, ist zu schließen, daß die Tafeln nach dem 27. Dezember 1800 ausgegeben worden sind, jedoch nicht vor dem 11. Juli 1801. Denn die reitende Artillerie ist noch ohne die zu diesem Datum eingeführten Kolletts dargestellt. Da es Exemplare dieses Werkes gibt, die die Füsiliere der leichten Infanterie mit den am 24. Dezember 1801 eingeführten Tschakos zeigen, liegt nahe, daß es eine Nachauflage dieser Blätter gab. Diese Füsiliere waren in Preußen die erste Truppe, die Tschakos bekam. Weshalb gerade der Leutnant Ramm den Auftrag bekam, läßt sich heute nicht mehr eindeutig feststellen. Dennoch liegt die Vermutung nahe, daß der Kronprinz und der Artillerieleutnant bei der Rheinlandkampagne einander begegneten. Es wurde schon gesagt, daß sich Friedrich Wilhelm in jenen Wochen und Monaten intensiv mit Monturfragen beschäftigte und die vielen ab 1798 eingeführten Änderungen wahrscheinlich in jener Zeit eine plastische Gestalt angenommen haben müssen. Nur so läßt sich erklären, daß sich die Schaffung der neuen Uniformen in dem äußerst kurzen Zeitraum zwischen Thronbesteigung im November 1797 und Kabinettsorder vom März 1798 vollziehen konnten.

Die Uniformen

Einer Betrachtung der Bekleidung der einzelnen Waffengattungen gilt es noch eines besseren Verständnisses wegen einige Sachverhalte voranzustellen. In einigen Veröffentlichungen wird der äußerst knappe Schnitt der Röcke, der in den letzten Jahren des 18. Jahrhunderts bis 1806 zu beobachten ist, hervorgehoben. In bezug auf die Soldaten erfährt dieser Umstand vordergründig eine Negativwertung. Es ist jedoch keineswegs so, daß die aus dieser Uniformfasson resultierenden Unbequemlichkeiten absichtlich herbeigeführt worden sind, um die Gemeinen aus Vorsatz zu drangsalieren und zu schädigen. Deshalb ist es nützlich, bei einer Betrachtung des Aussehens der Monturen auf einige für diese wichtige Zusammenhänge und Hintergründe etwas näher und differenzierter einzugehen. Es ist richtig, daß in Preußen die Ellenzahl für den Infanterierock der Mannschaften und Unteroffiziere im Verlauf des 18. Jahrhunderts beständig sank: 1714 = 5 Ellen; 1725 = 2 3/4 Ellen; 1739 = 2 9/16 Ellen; 1786 = 2 2/15 Ellen; nach 1790 nur noch 2 1/4 Ellen. Zudem reduzierten einige Schneidermeister nach 1800 den Tuchverbrauch gar auf 1 3/4 Ellen. Röcke zu 1 3/4 Ellen machten den Trägern mit Sicherheit arg zu schaffen. Dennoch müssen für diese Entwicklung einige Aspekte geltend gemacht werden. Die Ursache lag dabei nicht in erster Linie in den Charaktereigenschaften einiger Könige begründet. Bei Friedrich Wilhelm I. gipfelten die von Staatswegen notwendigen Einsparungen aller Art in teilweise bereits krankhaft zu nennendem Geiz. Friedrich Wilhelm III. erwies sich in Fragen von Kleinigkeiten und Details als wahrer Meister des Knauserns. Die typisch preußische Sparsamkeit entsprach den nur mangelhaft entwickelten ökonomischen Verhältnissen des Landes. Sie konnte auch an der Versorgung, Bekleidung und Ausrüstung der Armee nicht vorübergehen, selbst wenn diese eine derart exponierte Stellung im Staatswesen einnahm. Auf die miserable wirtschaftliche Lage und die angespannte Finanzsituation, mit denen Friedrich Wilhelm nach 1797 fertig zu werden hatte, wurde bereits hingewiesen. Preissteigerungen bei Rohstoffen und Fertigprodukten taten dazu das Ihrige. Was Wunder also, wenn sich der junge König, wenn auch häufig überzogen, für Einsparungen im Schnitt und bei der Materialqualität entschied. Diese wirkten sich beim Schuhwerk und den Röcken der Gemeinen besonders nachteilig aus. Eine bloße Reduzierung der Betrachtungen zu den sich im Laufe des Jahrhunderts kontinuierlich verringernden Ellenmaßen auf die wirtschaftlichen Gegebenheiten wäre jedoch zu einseitig. Wir haben es mit einer Zeit zu tun, in der eine Entwicklung von barocken Formen über das Rokoko zum Empire und Klassizismus führt. Wie wir wissen, bestimmen Mode und Zeitgeschmack auch die Uniformentwicklung, wie diese umgekehrt auch auf die zivile Mode wirkt. Der unter König Friedrich Wilhelm I. kreierte schmale und knappe Rockschnitt, der vom französischen Justaucorps abweichend eine eigenständige Entwicklung war, gilt als Vorbild für die englische Mode[59]. Sowohl im Schnitt als auch vom verwendeten Material her entsprach die damals bestimmende höfische Mode französischen Stils nicht den Bedürfnissen und Ansichten des Bürgertums. Dem Zeitalter der Aufklärung und der Verrichtung bürgerlicher Tätigkeiten entsprach eine Kleidung, die zwar enganliegend und körperbetont war, jedoch locker saß und Bewegungsfreiheit zuließ. Diese in England «Frock» und in Deutschland «Werther-Tracht» bezeichnete Zivilmode, in gedeckten Farben gehalten und aus Tuch hergestellt, war im Ober- und Rückenteil schmal geschnitten. Vorn konnte der Rock nur noch im mittleren Brustbereich zugeknöpft bzw. zugehakt werden. Die gleich unterhalb des Brustbeins nach hinten schräg weggeschnittene Vorderfront ließ einen Teil der Weste in Form eines großen Dreiecks sichtbar werden. Die Schoßpartie fiel dadurch im Vorder- und Seitenbereich fast vollständig weg. Aus dieser modisch bedingten Verknappung der Schoßpartie gingen schließlich die Frackschöße hervor, die wiederum auf die Frackschwänze reduziert wurden. Bis über das Handgelenk reichende Ärmel sowie ein immer höher werdender Kragen unterstreichen den engen und den Körper in der Länge betonenden Zuschnitt zusätzlich. Anzeichen dieser sich im letzten Drittel des 18. Jahrhunderts durchsetzenden Zivilmode waren in der preußischen Uniformierung seit dem Stilbruch um 1718 bereits zu erkennen. Unter König Friedrich Wilhelm III. fließen diese Tendenzen ziviler Modeentwicklungen lediglich verstärkt in die Militärkleidung ein. So hatte ein verstärkter Rückgriff auf die modischen Aspekte einen geringeren Ellenverbrauch zur Folge. Und der junge Friedrich Wilhelm galt als sehr modebewußt, was auf keinen Fall als Stutzerhaftigkeit ausgelegt werden darf. Gerade die englische Mode in ihrer Einfachheit und Geradlinigkeit entsprach seinem biederen und rechtschaffenen Charakter. Einem pflichttreuen Mann mit Sinn für Ordnung und Nüchternheit mußte diese Mode gefallen. «Der preußische Offizier trägt sich jetzt überhaupt äußerst jung, nett und knapp. Der König liebt dies, und ist Selbst äußerst knapp und nett in seiner Uniform, die zwar äußerst einfach, aber sehr schön ist.»[60] In der Praxis erfolgte der Zuschnitt nach Grundgrößen. Für einen ordentlichen und bequemen Sitz machte sich bei den Soldaten ein Anpassen durch die Schneider erforderlich. Laut dem «Reglement vor die Infanterie» von 1802 war das sogar vorgeschrieben. Die Monturen sollten zwar eng anliegen, aber dennoch Bewegungsfreiheit garantieren. Zeitlich gesehen fielen um die Jahrhundertwende modische Bedürfnisse mit Sparsamkeitsnotwendigkeiten zusammen. Der Mode entsprechend und auch den subjektiven Vorstellungen des Königs gehorchend, wurde jedoch nicht ausschließlich verkürzt, verknappt und geknausert. Die Wiedereinführung der aufwendiger herzustellenden Dreispitze ab 1797/98 und die Ausgabe neuer Grenadiermützen im Jahre 1799 bedeuteten das Gegenteil von Sparsamkeit. So hatte der Zeitgeschmack auf die Exklusivität der Kavallerie eine eigentümliche Rückwirkung. Die Ausmaße der Hüte wurden hier immer größer, was dem Luxusbedürfnis vieler Kavallerieoffiziere offensichtlich entgegenkam. Allerdings hatte dies eine Beeinträchtigung des Gefechtswertes zur Folge. Mit «wagenradgroßen» Kopfbedeckungen ließ sich nur schwerlich eine schneidige Attacke reiten. Unter dem knappen Schnitt litten nicht nur die Mannschaften, sondern auch die Offiziere. Daß die modischen Eskapaden im Extremfall für Offiziere sogar tragisch enden konnten, belegt in anschaulicher Weise das folgende Beispiel: «Das zu knappe Anziehen trug am Abend vor dem neuen Jahre (1801 – der Verf.) dazu bei, daß ein junger Offizier vom Möllendorfschen Regimente (Infanterie-Regiment No. 25 in Berlin – der Verf.), ein Herr von D., plötzlich auf einem Balle auf der Officierressource starb. Die Binde um den Hals, der ganze Anzug war so fest um den Körper gespannt, daß der Schlagfluß, der, wie man erzählt, sich gleich nachher zeigt, als der junge Mann ein Glas Limonade getrunken hatte, und den Tanzreihen wieder herunter getanzt hatte, durch diesen festen Anzug desto mehr Veranlassung und Wirksamkeit erhielt.»[61] Abschließend sei noch darauf verwiesen, daß modische Neuerungen auch praktisch umsetzbar sein müssen. Was die Übereinstimmung von knapper und bequemer Kleidung mit dem damals handwerklich Machbaren anbelangt, so ist festzustellen, «daß es generell um die Schnittechnik gerade dieser Jahrzehnte schlecht bestellt war: der zeitbedingte Wunsch nach körpernaher und dennoch bequemer Kleidung war mit den damaligen Kenntnissen noch nicht realisierbar; das aus diesem Grund immer größer ausgeschnittene Armloch mag einerseits vielleicht stoffsparend gewesen sein durch die schmaleren Oberteile – andererseits wurde die Ärmelform selbst dadurch ausgedehnt und plump, Paßform und Bewegungsfreiheit verschlechterten sich.»[62]

Die nach einer Anlage zur Kabinettsorder vom 22. März 1798 an den Monturen vorzunehmenden Änderungen bedeuteten keine generelle Neuuniformierung der gesamten Armee. Die Vorgaben bezogen sich auf 21 Infanterie-Regimenter[63], das Artillerie-Korps und die Mineure. In den Jahren bis 1806 ging dann eine Vielzahl von Einzelveränderungen vonstatten, die sowohl allgemeiner als auch regimentsspezifischer Natur waren. Dieser Vielzahl wie auch der Differenziertheit ist geschuldet, daß hier unmöglich im Detail darauf eingegangen werden kann. Bei der Infanterie wurden in diesen Jahren alleine zwanzig grundlegende, für alle Truppenteile gleichermaßen geltende Änderungen vorgenommen. Hinzu kam eine unendlich größere Zahl von Maßnahmen, die verschiedene Monturstücke einzelner Regimenter betrafen[64]. All den Verordnungen lag der Gedanke Friedrich Wilhelms zugrunde, wieder an die Uniformen der Zeit seines «großen» Onkels, Friedrich II., anzuknüpfen. Zwangsläufig mußte dieser bewußte Rückgriff auf friderizianische Traditionen zu Fehlentscheidungen führen und artete nur allzu oft in pedantische Beschäftigung mit und Überbewertung von Kleinigkeiten aus. Diese Art der Traditionspflege bereitete den Uniformträgern in ihrer Gesamtheit wohl eher Verdruß, als sie mit Stolz zu erfüllen.

Bekleidung der Infanterie

Der Mode des 18. Jahrhunderts gemäß bestand die Uniform bei den großen Monturstücken aus Rock, Weste und Hose sowie der Kopfbedeckung. Zu den kleinen zählten Unter- und Vorhemd, Halsbinde und Stiefeletten. Die Rockfarbe war in Preußen traditionell blau. Die sogenannten Abzeichenfarben des Kragens, der Rabatten (Brustklappen) und der Ärmelaufschläge dienten der Unterscheidung der Regimenter. Der Rock der Infanterie-Regimenter No. 3 und 6 hatte keine Rabatten. Der Unterscheidung dienten zusätzlich die Ausschmückungselemente, die gleichzeitig auch einen Auszeichnungscharakter hatten. Ihre Anordnung auf den Röcken war vorgeschrieben. Ebenso war das jeweilige Regiment an der Form der Ärmelaufschläge sowie der Farbe und der Gestalt der Knöpfe, Borten, Schleifen, Tressen und Stickereien zu erkennen.

Am Nachteiligsten für den Träger wirkten sich die Veränderungen am Rock aus. Unter König Friedrich Wilhelm II. waren die Rabatten zum besseren Schutz des Brustbereiches wieder zum Überknöpfen eingerichtet worden. Friedrich Wilhelm III. machte dies rückgängig. Ab 1798 wurden sie am Rock festgenäht. Ihre Knöpfe waren somit funktionslos und bekamen einen Ziercharakter. Auf Knopflöcher wurde ganz verzichtet oder sie wurden durch eine Doppelnaht angedeutet. Unterhalb des Kragens bis etwa zum unteren Ende des Brustbeinbereiches ließ sich der Rock mittels Haken und Ösen verschließen. Infolge des schrägen Wegschnitts gleich am Ende des Brustbeinbereiches ergab sich eine stark verkürzte Seitenfront, die die gesamte Magengegend sowie die seitlichen Schoßpartien frei ließ. Auch der Rockschoß verkam zur Funktionslosigkeit, insofern ein Umschlagen der Schöße nicht mehr möglich war. Um die einstige Möglichkeit des Umschlagens als Funktion vorzutäuschen, wurden schmale Tuchstreifen auf die Schoßrudimente in Futterfarbe genäht. Eine weitere Veränderung mußte bei den Soldaten auf besonderes Unverständnis stoßen. War die Kleidung durch das Festnähen der Rabatten und die rudimentären Schoßpartien ohnehin schon weitestgehend ihrer Schutzfunktion beraubt, so stellte der Wegfall der Weste einen Gipfelpunkt der Einsparungen dar. Im Bereich der Magengegend, dem Sichtbereich der einstigen Weste, wurde an die Rockinnenseite eine Westenattrappe angenäht. Das sollte den Anschein einer vollständigen Weste erwecken. Über diesen sichtbaren Rest mußte der Soldat dann noch das Koppel schnallen. Als Ersatz für die Weste diente eine Art Wams aus grobem Stoff. An Ausschmückungselementen fiel die unter Friedrich Wilhelm II. eingeführte, auf dem oberen Ende der Rabatte fast senkrecht stehende Borte, Schleife oder Stickerei fort. Der höher werdende Kragen bekam die Form eines Stehkragens mit abgeschrägten Vorderkanten. Bei dem neuen Rocktyp gab es auch für die Gemeinen keine Seitentaschen mehr. Die Taschenklappen waren blind aufgesetzt. Das zweiklappige Kaskett als Kopfbedeckung wurde 1798 durch den vormaligen Dreispitz ersetzt. Im Unterschied zum friderizianischen Dreispitz wirkten die neuen durch ihre sehr hochgezogenen Krempen und die nicht so weit nach vorn ausladende Spitze elegant und zeitgemäß. Grenadiere und Füsiliere hatten bereits unter Friedrich Wilhelm II. ihre klassischen Mützen eingebüßt. Lediglich der Grenadier-Garde No. 6, die aus der berühmten Riesengarde des Soldatenkönigs hervorgegangen war, wurden ihre alten Mützen belassen, die jedoch ab 1800 nur noch am Sonntag und zu Revuen aufgesetzt werden durften. Friedrich Wilhelm III. schuf in puncto Form und Ausstattung neue Mützen (Vgl. Blätter No. 15[1], 58 und Kadetten). Diese wurden für die Grenadiere der Garde No. 15[1] im Jahre 1798 und an die Grenadiere der anderen Regimenter 1799/1800 ausgegeben. Die bisherig vorkommenden Farbabstufungen in Gelbtönen ersetzte Friedrich Wilhelm II. durch einheitlich weiße bei den Unterkleidern der ganzen Armee. Dabei blieb es auch bei seinem Nachfolger. Die Röcke der Offiziere unterschieden sich von denen der Gemeinen nur durch bessere Paßform und Tuchqualität. Sonst wurden sie gleich geschnitten. Für die Offiziersuniform einer Reihe Regimenter führte der neue König wieder Besätze in Form von Stickereien und Schleifen ein, die an die Ausstattung der Röcke unter Friedrich dem Großen erinnerten. Im Unterschied zu den Mannschaften stand dem Offizier auch eine vollständige Tuchweste zu, d.h. eine solche, die nicht lediglich Attrappe war. Nach den hier kurz beschriebenen Mustern sind die Mannschafts- und Offiziersuniformen in Ramm's Werk dargestellt worden. Es wurde bereits darauf hingewiesen, daß nach 1800 eine Reihe weiterer Änderungen stattfand, so daß alle diese zusammengenommen zu einem neuen Uniformmodell führten, für das dann wesentlich war, daß die Rabatten wieder zum Überknöpfen eingerichtet werden sollten.

Auf die weiteren Details der nach der Order vom 9. November 1805 einzuführenden Monturen kann im Rahmen dieser Ausführungen nicht weiter eingegangen werden. Es bleibt jedoch noch zu bemerken, daß nach einer am 7. Juli 1806 erfolgten Präzisierung der neuen Uniformen Probestücke angefertigt worden sind. Im Jahr darauf wäre dann ihre Einführung in die Truppe fällig gewesen[65].

Auf einige gravierende Zwischenstufen, die zeitlich nach den von Ramm dargestellten Uniformen noch wirksam wurden, soll dennoch in aller Kürze eingegangen werden. Die Mängel der zwar elegant wirkenden Kleidung von 1798 waren wohl doch zu offensichtlich. Jedenfalls bestimmte der König am 4. November 1801, daß die Röcke der Infanterie im Schnitt so zu verändern sind, daß sie sich vom Kragenansatz bis in Bauchnabelhöhe wieder vollständig schließen ließen. Die Westenattrappe der Mannschaften wurde jedoch beibehalten. Ob die Gemeinen und Unteroffiziere aller Regimenter 1806 tatsächlich mit dieser Montur ins Feld rückten, erscheint fraglich. Infolge der finanziellen Situation des Landes sowie der Praxis des Überschlagens und der Tragezeitverlängerung dürften nicht wenige Einheiten in der Uniform von 1798 ausgezogen sein. Außerdem muß bedacht werden, daß die praktische Umsetzung einer Order einer gewissen Zeit bedarf. Bei den Offizieren verhielt es sich etwas anders. Sie besaßen alle seit der Zeit Friedrich Wilhelm II. zwei Uniformen; eine zur Parade und eine andere zum täglichen Dienst und zum Feldgebrauch. Die Paradeuniform entspricht der von Ramm dargestellten. Im Unterschied zu dieser sollte die Dienst- bzw. Felduniform keinerlei Stickereien aufweisen.

Die Garde machte jedoch hierbei eine Ausnahme. Zudem sollten sie nach dem vollständig auf der Brust zu schließenden Muster von 1801 angefertigt werden. Zu dieser von den Offizieren selbst beschafften Uniform trug man lange Hosen mit Schaftstiefeln anstelle von Stiefeletten. Die Schärpe legte der Offizier über den Rock an. Sponton, Ringkragen, Kniehose und Stiefeletten blieben zusammen mit den gestickten Röcken den Revuen und anderen festlichen Gelegenheiten vorbehalten. Zufolge der ständigen Änderungen war das äußere Erscheinungsbild der Truppenteile eher diffus als einheitlich. Allein schon deshalb, weil neben den Monturtypen von 1801 auch noch die von 1798 getragen wurden. Da die Mannschaften und Unteroffiziere keine Interimsröcke hatten, erschienen sie zu jedem Dienst mit ihrer normalen Uniform, also auch in Röcken mit Besätzen. Eine weitere Order vom 7. Februar 1805 gestattete den Offizieren, sich nach eigenem Ermessen eine Paradeuniform nach dem Muster der Interimsröcke von 1801 zuzulegen. Damit wurde einmal mehr zu einem uneinheitlichen Äußeren der Armee in der Zeit von 1801 bis 1806 beigetragen.

Auch die Bekleidung der Feldjäger zu Fuß war ähnlichen Änderungen unterworfen wie die der Infanterie. Sie bekamen 1799 ebenfalls einen abgeflachten Dreispitz. Die bereits unter Friedrich Wilhelm II. eingeführten grünen Federbüsche an den Kopfbedeckungen für Mannschaften behielt auch Friedrich Wilhelm III. bei. Offiziere trugen weiße Büsche mit schwarzer Wurzel. Den auch weiterhin hellgrün gehaltenen Röcken wurde ein Schnitt zugeordnet, wie er bei der Infanterie erst ab 1801 gelten sollte. Diesem zufolge waren die in Rockfarbe gehaltenen Rabatten gerade und schmal aufgesetzt, so daß der Rock vorn in gesamter Brustlänge geschlossen werden konnte. Diese frackartigen Röcke hatten einen ungesteiften Stehkragen mit abgeschrägten Vorderkanten. Die Futter- und Abzeichenfarbe blieb ponceaurot. Als Besonderheit wies der Rock hinter der rechten Schulter eine Achselschnur auf. Die Westen und ledernen Kniehosen hatten die gleiche Farbe wie der Rock. Ramm stellt die Feldjäger bereits in den seit 22. März 1799 vorgeschriebenen weißen Tuchhosen vor, die bis zu den Knöcheln reichten, und über die der Jäger schwarze Stiefel ohne Stulpen zog. Ab 1802 gab es auch für diese Truppenteile weiße Westen. Abgesehen von der Tuchqualität trugen auch hier die Offiziere Uniformen gleichen Schnitts. Nach 1806 sollten auch die Jägermonturen zum Überknöpfen eingerichtet werden.

Was die Uniformen der Füsilier-Bataillone betraf, so behielten sie auch nach 1797 die unter Friedrich Wilhelm II. eingeführten zweiklappigen Hüte, die sogenannten Kaskets. Mit den regimentsweise verschiedenfarbigen Hutpuscheln und dem gold- oder silberfarbenem Adler auf der Vorderklappe sind sie in Ramm's Werk korrekt dargestellt. Durch den Befehl vom 24. April 1801 erhielten die Füsiliere als erste Truppenteile der preußischen Armee Tschakos mit Vorderschirm. Dieser Typ der Kopfbedeckung sollte dann in verschiedenen modischen Varianten bis zur Einführung des Helmes (Pickelhaube) im Jahre 1842 aus der preußischen Armee nicht mehr wegzudenken sein. Die seit 1788 dunkelgrünen Röcke mit regimentsweise unterschiedlichen Abzeichenfarben übernahm Friedrich Wilhelm III. ebenfalls. Vom Schnitt her entsprachen sie denen der Fußjäger, hatten jedoch bei den Mannschaften wesentlich kürzere Schöße. Auch die Offiziere trugen diesen Rocktyp, aber für diese hatte er längere Schöße. Des weiteren hatten sie Dreispitze mit weißen Federbüschen, deren Wurzel schwarz war. Ramm stellt die Röcke, die bei den Füsilieren auch als Jacken bezeichnet wurden, bereits mit rotem Futter dar, das 1797 das grüne ablöste. Die dem Rock entsprechend sehr kurz geschnittene und als Gilet bezeichnete Weste war weiß. Für die Gemeinen bestand ab 1801 dieses Kleidungsstück aus grobem Tuch von grauweißer Farbe. Brusttücher, die über das Unterhemd gelegt wurden, sollten zusätzlich schützen. Die Hosen waren ebenfalls aus weißem Tuch und knöchellang. Darüber trug der Gemeine bis über die Waden reichende Stiefeletten. Offiziere hatten Stiefel, die zeitgemäß mehr schmal gefertigt wurden und vorne im Fußbereich spitz zuliefen.

Bekleidung der Kavallerie

Auch die Hüte der Kavallerie wurden gegen Ende des Jahrhunderts größer. Insbesondere die der Kürassiere erreichten eine beachtliche Höhe und hatten weit ausladende Seiten. Zu den Hüten gehörten seit
1762 weiße Federbüsche, die auch nach 1797 beibehalten wurden. Bei den Unteroffizieren war das Ober-
teil des Federbuschs schwarz. Bei den Offizieren war es weiß mit schwarzer Wurzel. Das Hauptbeklei-
dungsstück der Kürassiere war das Kollett. Unter Friedrich Wilhelm III. wurden seine Schöße zu Stum-
meln verkürzt, so daß das Kleidungsstück den Charakter einer engen Taillenjacke annahm. Modegemäß
hatten die Kolletts hohe ungesteifte Kragen mit abgeschrägten Vorderkanten. Eine Unterscheidung der
Kolletts nach den Regimentern war durch die Farbigkeit des Kragens und der Bortenbesätze möglich.
Beim Kürassier-Regiment K 2 war das Kollett zitronengelb, bei allen anderen Regimentern war es weiß.
Zum Kollett gehörte die als Chemisett bezeichnete Weste, die je nach Einheit eine unterschiedliche Farb-
gebung aufwies. Entsprechend der unter Friedrich Wilhelm III. vorherrschenden Tendenz, die Unterklei-
der im sichtbaren Bereich lediglich anzudeuten, verfuhr man auch mit den Chemisetts. Auch hier blieben
nur zwei schmale Tuchstreifen übrig, die an der unteren Vorderseite des Kolletts angeheftet wurden. Als
Ersatz mußte wie bei der Infanterie ein aus grobem Stoff gefertigtes Wams herhalten. Die bereits unter
König Friedrich Wilhelm II. abgeschafften Kürasse führte auch sein Sohn nach 1797 nicht wieder ein. Zum
Felddienst trugen die Offiziere gleiche Kleidungsstücke, jedoch in besserer Ausführung. Daneben standen
ihnen Gala-Röcke mit prächtigen Stickereien im Stile des Rokoko sowie ungestickte Interimsröcke zu.
Diese Gala-Röcke waren weiß, nur beim Regiment Gensdarmes K 10 und beim Regiment Garde du Corps
K 13 waren sie rot. Außerdem hatten sie farbige Rabatten. Das Regiment Gensdarmes hatte als einziges
keine. Ab 1797/1798 entsprach der Schnitt dieser Röcke denen der Infanterie. In dieser Fasson sind sie
auch auf den Blättern von Ramm dargestellt. Nach 1801 legten sich auch die Offiziere solche zu, die
im gesamten Brustbereich geschlossen werden konnten. Die dazu getragenen Unterkleider waren weiß.
Einen analogen Schnitt sowie eine gleiche Farbigkeit hatten die Interimsröcke – nur die Stickereien waren
nicht vorhanden. Außerdem verfügten die Offiziere noch über einen dunkelblauen Überrock, wie er bei
Ramm auf der Seite des Regiments K 10 mit dem Titel «Interims-Uniform» zu sehen ist. Unter den Gala-
Röcken bzw. Interims- und Überröcken trugen die Offiziere Westen und Hosen in der Machart der Infanterie. Auf den Blättern von Ramm sind diese Bekleidungsstücke für die Kürassier-Offiziere meist nicht
von gleicher Farbe. Die bis dahin gelblich gehaltenen Westen wurden erst gegen Ende des Jahres 1801 ab-
geschafft. Auch bei den Hosen entwickelte sich erst nach 1800 eine Tendenz zum Weiß.

Die Hüte der Dragoner glichen denen der Kürassiere. Die Röcke waren von hellerem Blau als bei
der Infanterie. Die farbige Unterscheidung der Regimenter in den Abzeichen übernahm Friedrich Wilhelm III. unverändert von seinen Vorgängern. Außer beim Regiment D IX hatten die Röcke aller Regimenter Rabatten. Der Rock der Gemeinen erhielt einen Schnitt mit geraden Rabatten, die über die gesamte Brustlänge zu schließen waren. Dagegen wiesen die Offiziersröcke den Schnitt von 1798 auf und
glichen somit denen der Infanterie. In dieser Art werden die Dragoner auch in Ramm's Werk vorgestellt.
Die gezeigten Offiziersuniformen trug man nur zu Paraden und anderen festlichen Gelegenheiten. Im
Dienst trug der Offizier einen Interimsrock, der seit 1801 ebenfalls über die volle Brustlänge zuzuhaken
war. Glichen die Röcke der Mannschaften bisher denen der Infanterie von 1801, so bestimmte eine Order
vom 16. August 1802 den Austausch gegen Kolletts. Farbe und Aussehen des Oberkörperteils blieben
dabei die des bisherigen Rockes. Im Taillenbereich und in der Schoßpartie waren sie wie Kürassier-
Kolletts zugeschnitten. Nach 1806 sollten sie, wie für die gesamte Armee vorgesehen, zum Überknöpfen
sein.

Auch unter Friedrich Wilhelm III. wurde die klassische Kleidung der Husaren beibehalten. Als Kopfbedeckung hatten sie sogenannte Flügelmützen aus Filz. Das Husaren-Regiment H 2 trug als Ausnahme
Pelzmützen aus Bärenfell. Nach 1798 wurden an den Dolmans und Pelzen sowie an deren Abzeichen zahl-

reiche Farbänderungen vorgenommen. Ramm hat dem Husaren-Regiment H 3 zwei Tafeln gewidmet. Auf der zweiten tragen die beiden Figuren die mit Order vom 27. Dezember 1800 verfügten blauen Dolmans. Dem Zeitgeschmack entsprechend wurde auch die Oberbekleidung der Husaren im Schoßbereich kürzer geschnitten und mit höheren Kragen versehen, die ebenfalls abgeschrägte Vorderkanten hatten. Die Hosen waren weiß. Einigen Regimentern wurden nach 1803 farbige Hosen mit ungarischer Verschnürung verordnet[66]. Nach 1805 sollten die Flügelmützen durch Tschakos ersetzt werden. Bis 1806 konnten jedoch nur wenige Regimenter mit dieser Kopfbedeckung ausgerüstet werden.

Mit der Aufstellung der Towarczys verschwanden die Bosniaken und die Tataren als selbständige Einheiten aus der preußischen Armee. Was von ihnen blieb, erhielt die Kleidung der Towarczys. Die Kopfbedeckung bestand aus einem Filztschako ohne Vorderschirm. Ihre Kolletts ähnelten denen der Dragonerkolletts, die ab 1802 eingeführt werden sollten. Abzeichen und Futter waren rot. Zu den weißen Hosen wurden schwarze Wadenstiefel getragen.

Regimentsangehörige unterschieden sich von Bataillonsangehörigen durch gelbe bzw. weiße Knöpfe und Achselschnüre. Offiziere trugen zusätzlich um den oberen Tschakorand eine goldene bzw. silberne Stickerei. In der Art sind die Towarczys auch im Werk des Leutnants Ramm zu sehen. Die ehemaligen Bosniaken und Tataren erhielten die gleiche Uniform, jedoch ohne die Achselschnüre. Dafür trugen Bosniaken auf der rechten Schulter eine rote und Tataren eine weiße Schnur.

Die kleine Einheit des Feldjäger-Korps zu Pferde behielt auch unter Friedrich Wilhelm III. seine traditionell grüne Uniform bei. Von der Form entsprachen die Hüte denen der Infanterie. Die Röcke der Mannschaften hatten keine Rabatten und konnten über die ganze Brustlänge geschlossen werden. Dagegen entsprach der Schnitt der Offiziersröcke den Vorschriften von 1798. Sie waren ebenfalls rabattenlos, hatten jedoch eine reichliche Goldstickerei in Rokokomanier. Abzeichenfarbe und Futter waren rot. Zu weißen Hosen gehörte eine grüne Weste, wie es Ramm's Jägertafel zeigt. Nach 1802 wurden die grünen Westen durch weiße ersetzt.

Bekleidung der Artillerie und technischen Einheiten

Die Kabinettsorder vom 22. März 1798 legte für das Artillerie-Korps den Schnitt der Uniformstücke betreffend die gleichen Veränderungen wie bei der Infanterie fest. Das galt auch für die Kopfbedeckungen. Neu war für alle Monturen einheitlich schwarze Abzeichenfarbe am Kragen, auf den Rabatten und den Ärmelaufschlägen. Im Unterschied zu den tuchenen der Mannschaften bestanden diese Teile bei den Offizieren aus Samt. Die Westen und die Hosen waren weiß. Es ist schon als Privileg zu werten, daß die Mannschaften und Unteroffiziere auch weiterhin die Westen in vollständiger Ausführung tragen durften. Von allen Chargen wurden zu den weißen Hosen schwarze Stiefeletten getragen. In dieser Form sind die Uniformen auf der Tafel von Ramm auch zu sehen.

Die Angehörigen des Mineur- und Pontonier-Korps hatten die gleichen Monturen. Eine Unterscheidung war nach den Hutpuscheln der Gemeinen möglich. Anstelle des Artillerie-Pallaschs führten die Mineure einen Säbel.

Die Abzeichenfarbe der Ingenieure war ebenfalls schwarz. Die silbernen Besatzmuster wurden nur auf der Paradeuniform getragen. Für die Schüler (Eleven) der Ingenieurakademie gab es Überröcke. Diese waren dunkelblau und mit einer Reihe Knöpfen zu schließen. Zu den nach wie vor gelben Westen gehörten weiße Hosen, die in schwarzen Schaftstiefeln getragen wurden. In der Manier sind die beiden Figuren auch bei Ramm vorgestellt.

Die reitende Artillerie unterschied sich durch weiße, bei Offizieren schwarzgewurzelte Federbüsche an den Hüten. Außerdem trugen sie Stulpenstiefel, wie es auch bei Ramm zu sehen ist. Die aus der Aufwertung der reitenden Artillerie resultierenden Monturänderungen konnte Ramm offensichtlich nicht mehr berücksichtigen. Nach der Order vom 11. Juli 1801 bekamen die Angehörigen jetzt Kavalleriehüte mit

Offizier und Gemeiner vom Infanterie-Regiment No. 11, um 1770.
(Blatt aus von Schmahlen)

Offizier und Gemeiner vom Infanterie-Regiment No. 11, 1787–1798. (Blatt aus Horvath).
Bei beiden Figuren ist deutlich der fast senkrecht stehende siebente Besatz
am oberen Ende der Rabatte zu erkennen,
wie er unter König Friedrich Wilhelm II. in Mode kam.

Offizier, Grenadier-Tambour und Grenadier vom Infanterie-Regiment No. 1
in der Uniform von 1798 und mit den durch König Friedrich Wilhelm III. 1799
neu eingeführten Mützenmodellen.

Offizier und Kanonier der reitenden Artillerie, 1801 (Blatt aus Doepler).
Der Offizier trägt den Rock von 1798. Besonders fällt die ausladende Form des Kavalleriehutes auf.
Der Kanonier ist in der von Ramm in seinem Werk nicht mehr berücksichtigten Montur von 1801 zu sehen.
Als Besonderheit ist das Kollett mit den rot geränderten Abzeichen zu nennen.

General Adjutanten.

von der Cavallerie. von der Infanterie.

Generaladjutanten von der Kavallerie und von der Infanterie in Interims-Uniform

Galla = Uniform der General Adjutanten
von der Cavallerie   von der Infantrie

Generaladjutanten von der Kavallerie und von der Infanterie in Gala-Uniform

Flügeladjutanten von der Kavallerie und von der Infanterie in Interims-Uniform

Galla Uniform der Flügel Adjutanten von der Cavallerie von der Infantrie

Flügeladjutanten von der Kavallerie und von der Infanterie in Gala-Uniform

General Quartier-Meister

Interims-   Galla-Uniform.

Generalquartiermeister in Interims- und in Gala-Uniform

General-Staab.

von der Cavallerie. von der Infanterie.

Generalstabsoffiziere von der Kavallerie und von der Infanterie in Interims-Uniform

Galla Uniform des General Staabes.
von der Cavallerie   von der Infantrie.

Generalstabsoffiziere von der Kavallerie und von der Infanterie in Gala-Uniform

Gen: Quart: Meister.   Ingenieur Officier.

Generalquartiermeister und Ingenieur-Offizier

Galla Uniform   Campagne Uniform.
des General Quart: Meisters   der Cavallerie Generalität.

Generalquartiermeister in Gala-Uniform und General der Kavallerie in Kampagne-Uniform (Felduniform)

Campagne-Uniform
der General- und Flügel-Adjutanten
von der Cavallerie

Generaladjutant von der Kavallerie und Flügeladjutant von der Kavallerie in Kampagne-Uniform (Felduniform)

Campagne = Uniform.
des General = Stabes
von der Cavallerie.

Generalstabsoffizier von der Kavallerie in Kampagne-Uniform (Felduniform)

Armée Uniform
von der Cavallerie. von der Infanterie.

Offiziere von der Kavallerie und von der Infanterie in Armee-Uniform

Offiziere von der Infanterie und von der Kavallerie in alter Armee-Uniform (noch im Brustbereich zum Überknöpfen eingerichtet)

N.º 1.

Gemeiner und Offizier vom Infanterie-Regiment No. 1

Gemeiner und Offizier vom Infanterie-Regiment No. 5

Grenadier und Offizier vom Grenadier-Garde-Bataillon No. 6

No. 6.

Neue Interims-Uniform

Grenadier und Offizier vom Grenadier-Garde-Bataillon No. 6 in Interims-Uniform

Gemeiner und Offizier vom Infanterie-Regiment No. 7

Gemeiner und Offizier vom Infanterie-Regiment No. 8

Gemeiner und Offizier vom Infanterie-Regiment No. 9

N̲o̲ 10.

Gemeiner und Offizier vom Infanterie-Regiment No. 10

Gemeiner und Offizier vom Infanterie-Regiment No. 11

Gemeiner und Offizier vom Infanterie-Regiment No. 13

Grenadier und Offizier vom Infanterie-Regiment No. 15' (l. Bataillon Leibgarde)

Gemeiner und Offizier vom Infanterie-Regiment No. 15ᴵᴵ/ᴵᴵᴵ (Regiment Garde)

Interims Uniform der Garde-Offi...
vom Ersten Bataillon vom Regiment.

Offizier vom I. Bataillon Leibgarde und Offizier vom Regiment Garde (No. 15) in Interims-Uniform

Gemeiner und Offizier vom Regiment des Königs No. 18

No. 19.

Gemeiner und Offizier vom Infanterie-Regiment No. 19

Gemeiner und Offizier vom Infanterie-Regiment No. 20

Gemeiner und Offizier vom Infanterie-Regiment No. 23

N.° 26.

Gemeiner und Offizier vom Infanterie-Regiment No. 26

№ 27.

Gemeiner und Offizier vom Infanterie-Regiment No. 27

N.º 29.

Gemeiner und Offizier vom Irfanterie-Regiment No. 29

Gemeiner und Offizier vom Infanterie-Regiment No. 30

Gemeiner und Offizier vom Infanterie-Regiment No. 40

N.º 44.

Gemeiner und Offizier vom Infanterie-Regiment No. 44

Gemeiner und Offizier vom Infanterie-Regiment No. 45

Gemeiner und Offizier vom Infanterie-Regiment No. 49

Grenadier und Offizier vom Infanterie-Regiment No. 58

Feld=Jaeger=Regiment zu Fuß.

Offizier und Jäger vom Feldjäger-Regiment zu Fuß

Offizier und Füsilier vom Füsilier-Bataillon F XVII

Artillerie- Pontonier- und Mineur Corps.

Gemeiner und Offizier vom Artillerie-, Pontonier- bzw. Mineur-Korps

Berittene Artillerie.

Artillerist und Offizier der berittenen Artillerie

Ingenieur = Corps.
Officier. *Eleve.*

Offizier und Eleve (Schüler) vom Ingenieur-Korps

Mineur = Corps.

Gemeiner und Offizier vom Mineur-Korps

Eleve
der École Militaire

Adelih.
Cadetten-Corps.

Eleve der Militärschule, Offizier und Kadett des Adligen Kadetten-Korps

Feld Jaeger-Corps zu Pferde

Offiziere des Feldjäger-Korps zu Pferde in Gala- und in Interims-Uniform

Invaliden=Corps
in Berlin

Invalide und Offizier vom Invaliden-Korps in Berlin

Invaliden-Corps in den Provinzen

Invalide und Offizier vom Invaliden-Korps in den Provinzen

Galla - Uniform
No. 1.   von   No. 2.

Offiziere von den Kürassier-Regimentern K1 und K2 in Gala-Uniform

Offizier und Kürassier vom Kürassier-Regiment K 4

Galla = Uniform
No. 3. *von* *No. 4.*

Offiziere von den Kürassier-Regimentern K 3 und K 4 in Gala-Uniform

Offizier und Kürassier vom Kürassier-Regiment K 6

Galla = Uniform
N.º 5.   von   N.º 6.

Offiziere von den Kürassier-Regimentern K 5 und K 6 in Gala-Uniform

Offizier und Kürassier vom Kürassier-Regiment K 9

Galla - Uniform
von
№ 9. № 10.

Offiziere von den Kürassier-Regimentern K 9 und K 10 in Gala-Uniform

Offizier und Kürassier vom Kürassier-Regiment K 13 (Regiment der Garde du Corps)

No. 13. b.

Interims = Galla=
Uniform.

Offiziere vom Kürassier-Regiment K 13 (Regiment der Garde du Corps) in Interims- und in Gala-Uniform

Dragoner-Esquadron zu Danzig.

Offizier und Dragoner vom Dragoner-Regiment DI

No 2

Offizier und Dragoner vom Dragoner-Regiment D II

No 3.

Offizier und Dragoner vom Dragoner-Regiment DIII

Offizier und Dragoner vom Dragoner-Regiment DVII

Offizier und Dragoner vom Dragoner-Regiment DIX

Offizier und Dragoner vom Dragoner-Regiment DX

Husar und Offizier vom Husaren-Regiment H 1

Husar und Offizier vom Husaren-Regiment H 2

N.º 2b

Galla - Uniform.

Eskadronchef bzw. Stabsoffizier und Subalternoffizier vom Husaren-Regiment H 2 in Gala-Uniform

N̲o̲ 3

Husar und Offizier vom Husaren-Regiment H 3

N⁰ 3.

Husar und Offizier vom Husaren-Regiment H 3, neue Uniform ab 1800

Husar und Offizier vom Husaren-Regiment H 6

No. 10

Husar und Offizier vom Husaren-Regiment H 10

N°:9.

Regiment Towarczys.

Gemeiner und Offizier vom Regiment Towarczys (H 9)

Gemeiner und Offizier vom Bataillon Towarczys

Magdeburgsches - Commando.

Husar und Offizier vom Magdeburgischen Husaren-Kommando

General = Auditoriat.
General = Auditeur.   Ober = Auditeur.

Generalauditeur und Oberauditeur vom Generalauditoriat

Officianten Unterstaab vom Cadetten-Corps von der Infant: u: Cavall:

Offiziant vom Kadetten-Korps und Offizier vom Unterstab der Infanterie und der Kavallerie

Federbüschen. Für die Mannschaften wurden auf der Brust vollständig zu verschließende Kolletts bestimmt. Die weiterhin schwarzen Kragen, Rabatten, Ärmel- und Schoßaufschläge hatten als Besonderheit einen roten Vorstoß an den Kanten. Die Stiefel wurden im Schaft kürzer und in der Form eleganter. Bei den Mannschaften erinnern sie an die der Husaren. Die Offiziere behielten für Paraden und festliche Anlässe den Rock von 1798 (vgl. die Darstellung von Doepler).

Im Invaliden- und Kadetten-Korps und im Auditoriat wurde ab 1798 nach dem Schnitt der Infanterieröcke eingekleidet. Ramm stellt die Uniformen mit den spezifischen Farben und Ausschmückungselementen vor.

Bekleidung der Königlichen Suite und des Generalstabes

Generalen war auch unter den Königen Friedrich Wilhelm II. und III. die Regimentsuniform von dem Truppenteil vorbehalten, in dem sie die Chefstelle innehatten. Für Kavallerie-Generale wurde 1790 eine sogenannte Campagne(Feld)-Uniform geschaffen. Ab 1798 zeigte diese das von Ramm an der Figur dargestellte Aussehen, die mit «Campagne Uniform der Cavallerie-Generalitaet» unterschrieben ist. In dieser Art wurde sie bis zum Jahre 1803 getragen. Erst in diesem Jahr ist eine für alle Generale gleichermaßen obligatorische Felduniform eingeführt worden. Bei Revuen und nach eigenem Ermessen wurde nach wie vor die Regimentsuniform angezogen.

Die Änderungen von 1798 ließen auch die Uniformen der zur Königlichen Suite gehörenden General- und Flügeladjutanten nicht aus. Alle Vertreter dieser Einrichtungen hatten zwei Uniformen; eine zur Parade, als Gala bezeichnete, und eine zum Dienst. Der Hauptunterschied zwischen beiden Uniformarten bestand in den Stickereien. Den Rock der Gala-Uniform zierten prächtige Stickereien in Rokokomanier und eine Stickereiumfassung des Kragens, den Hut eine Bogentresse um die obere Krempe. Die Interimsröcke wiesen ein im Aussehen weniger auffälliges Tressenmuster in Kapellenform auf. Auch fehlte am Hut die Tresse. Beide Rocktypen hatten rote Rabatten, Kragen und Ärmelaufschläge. Die Schöße und das Futter waren auch rot. Die General-Adjutanten unterschieden sich äußerlich von den Flügel-Adjutanten lediglich dadurch, daß bei den einen die Knöpfe und Stickereien golden und bei den anderen silbern waren. Zu allen Uniformarten trug man weiße Hosen und hellgelbe Westen. General-Adjutanten der Infanterie besaßen prinzipiell blaue Röcke mit dieser Ausstattung und solche der Kavallerie trugen weiße. Für die Uniformen des Generalstabes gilt sowohl in bezug auf die beiden Uniformarten als auch auf die Unterschiede der Rockfarbe von Kavalleristen und Infanteristen das gleiche. Die Angehörigen des Generalstabes bekamen einheitlich die karmoisinrote Abzeichenfarbe, die sich bis zur Gegenwart erhalten hat[67].

Für die Armee-Uniformen enthält das Werk von Ramm zwei Blatt. Im aktiven Dienst stehende Offiziere als Angehörige des Oberkriegskollegiums oder als Kommandanten von Festungen erhielten neue Uniformen im Stile von 1798. Die Abzeichenfarbe war bei diesen ponceaurot. Die blauen Röcke der Infanterieoffiziere unterschieden sich vom Weiß der Kavalleristen. Bei letzteren war auch das Schoßfutter weiß. Auf dem anderen Blatt ist die sogenannte alte Armeeuniform zu sehen. Ramm zeigt hier als Besonderheit die beiden Offiziere mit übergeknöpften Röcken im Brustbereich, wie es von 1788 bis 1798 in der ganzen Armee üblich war. Diese Uniform wurde auch nach 1798 noch von den Titularoffizieren getragen.

Anhang

Grundlegendes zur Benutzung der Tabellen, Abzeichenfarben, Sitz der Besatzmuster und Besatzmusteränderungen:

Verwendete Abkürzungen und Numerierungen der Truppenteile erfolgen nach den von Hans Bleckwenn in der Reihe «Das Altpreußische Heer – Erscheinungsbild und Wesen 1713–1807» verwendeten Modus:
– No. mit arabischer Zahl = Infanterie-Regimenter
– F mit römischer Zahl = Füsilier-Bataillone
– K mit arabischer Zahl = Kürassier-Regimenter
– D mit römischer Zahl = Dragoner-Regimenter
– H mit arabischer Zahl = Husaren-Regimenter

Die Inhalte der Tabellen können nicht jede Einzelheit der Uniformänderungen erfassen, sondern verstehen sich als allgemeiner und grundlegender Überblick.

Die Wahl der Jahreszahlen bezieht sich nicht auf eine Ersteinführung der in den Tabellen genannten Sachverhalte. Lediglich der Zeitabschnitt entsprechend der Regierungszeit der Könige Friedrich II. (1760), Friedrich Wilhelm II. (1787) und Friedrich Wilhelm III. (1798 und 1806) soll dadurch umrissen werden.

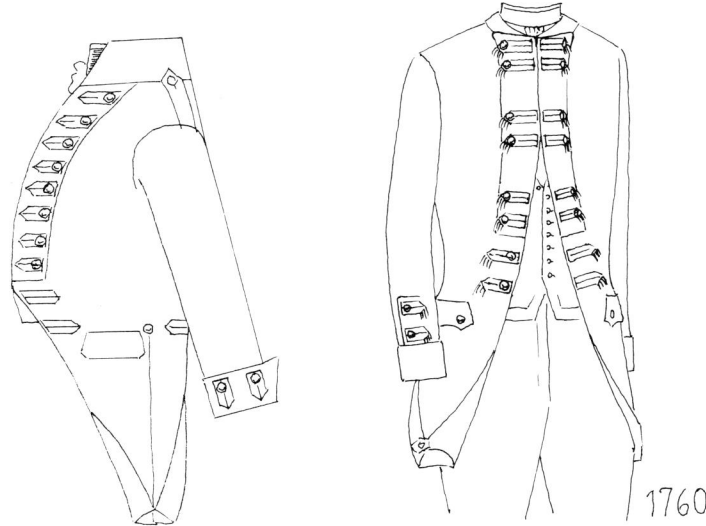

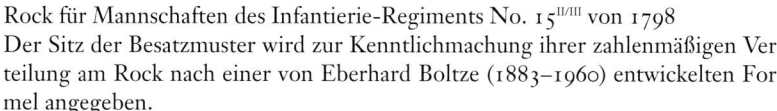

Rock für Mannschaften des Infanterie-Regiments No. 15$^{II/III}$ von 1798
Der Sitz der Besatzmuster wird zur Kenntlichmachung ihrer zahlenmäßigen Verteilung am Rock nach einer von Eberhard Boltze (1883–1960) entwickelten Formel angegeben.

Diese mit 5 Ziffern versehene Formel berücksichtigt dabei eine Rockseite, da die andere ohnehin identisch ist.

Für den skizzierten Rock lautet die Formelangabe: 8/2/2/–/1
Das bedeutet:
1. 8 Stück auf der Brust
2. 2 Stück unter der Brust
3. 2 Stück auf dem Ärmelaufschlag (bzw. auf der Patte)
4. – (kein) Stück auf der Taschenklappe
5. 1 Stück hinten in der Taille
Zusätzlich zu diesen am Rock vorkommende Besätze werden hinter der Formel extra benannt.

Rock für Mannschaften vom Infanterie-Regiment No. 12
Die Silhouetten der drei Röcke lassen die Unterschiede der Fasson deutlich werden.
1760 kein bzw. Bündchenkragen; relativ weite Schoßpartie; umgeschlagene Schöße können aufgeklappt werden.
1787 ungesteifter Stehkragen, der umgelegt ist; schmale Rabatten, die nach oben ausgezogen sind und somit ein siebentes Besatzmuster aufnehmen; vorn schräger weggeschnittene Taillenpartie; Rockschöße lassen sich nicht mehr aufklappen.
1798 ungesteifter Stehkragen mit stark angeschrägten Vorderkanten; schmale Rabatten; stark verkürzte Schoßpartie durch äußerst schrägen Schnitt unterhalb des Brustbeins; schlanke Schöße mit schmal aufgesetzten Tuchstreifen.

Tabelle der Abzeichenfarben mit Angabe der Farben der Unterkleider

Vorbemerkung

Für jeden Truppenteil stehen zwei Farbangaben untereinander. Die obere gibt die Farbe der Abzeichen (Kragen, Rabatte, Ärmelaufschlag) an.

Die darunterstehende benennt die Farbe der Unterkleider (Weste, Hose).

Abweichungen bzw. Besonderheiten werden, soweit es im Rahmen der tabellarischen Form möglich ist, gesondert angeführt.

I. INFANTERIE
Regimenter No. 1–60

No.	1760	1787	1798	1806
1	scharlachrot weiß	ponceaurot weiß	ponceaurot weiß	ponceaurot weiß
2	hellziegelrot ohne Kragen paille	hellziegelrot weiß	hellziegelrot weiß	hellziegelrot weiß
3	scharlachrot ohne Rabatten weiß	scharlachrot Rabatten in Rockfarbe weiß	ponceaurot ohne Rabatten weiß	ponceaurot ohne Rabatten weiß
4	scharlachrot ohne Rabatten, ohne Kragen paille	bleumourant weiß	orange weiß	orange weiß
5	hellpaille hellpaille	hellpaille weiß	weiß weiß	hellpaille weiß
6	scharlachrot ohne Rabatten, Offz. auch ohne Kragen paille	scharlachrot ohne Rabatten hellpaille	scharlachrot ohne Rabatten hellpaille	scharlachrot ohne Rabatten hellpaille
7	rosarot paille	rosarot weiß	rosarot weiß	rosarot weiß
8	scharlachrot ohne Kragen weiß	scharlachrot weiß	scharlachrot weiß	scharlachrot weiß
9	scharlachrot ohne Kragen weiß	scharlachrot weiß	scharlachrot weiß	scharlachrot weiß
10	hochgelb ohne Kragen, ohne Rabatten gelb	bleumourant weiß	zitronengelb weiß	zitronengelb weiß
11	scharlachrot ohne Kragen, ohne Rabatten weiß	karmoisinrot weiß	karmoisinrot weiß	karmoisinrot weiß
12	ziegelrot hellgelb	hellziegelrot weiß	hellziegelrot weiß	hellziegelrot weiß
13	hellpaille	weiß	weiß	weiß

No.	1760	1787	1798	1806
	weiß	weiß	weiß	weiß
14	ziegelrot ohne Kragen weiß	hellziegelrot Kragen in Rockfarbe weiß	hellziegelrot weiß	hellziegelrot weiß
15[I]	scharlachrot ohne Rabatten hochgelb	ponceaurot weiß	ponceaurot weiß	ponceaurot weiß
15[II/III]	scharlachrot hochgelb	ponceaurot weiß	ponceaurot weiß	ponceaurot weiß
15[I-III]	Interimsuniform scharlachrot ohne Rabatten hochgelb	ponceaurot weiß	ponceaurot weiß	ponceaurot weiß
16	ziegelrot ohne Kragen hellpaille	hellziegelrot Kragen in Rockfarbe weiß	hellrot Kragen in Rockfarbe weiß	hellrot weiß
17	weiß weiß	weiß weiß	weiß weiß	weiß weiß
18	rosarot weiß	rosarot weiß	rosarot weiß	rosarot weiß
19	scharlachrot Offz. ohne Kragen paille	orange weiß	orange weiß	orange weiß
20	scharlachrot ohne Kragen weiß	scharlachrot Kragen in Rockfarbe weiß	scharlachrot weiß	scharlachrot weiß
21	scharlachrot ohne Rabatten, Offz. auch ohne Kragen paille	scharlachrot weiß	scharlachrot weiß	scharlachrot weiß
22	scharlachrot ohne Kragen hellpaille	ponceaurot weiß	ponceaurot weiß	ponceaurot weiß
23	scharlachrot ohne Rabatten, ohne Kragen weiß	scharlachrot Rabatten in Rockfarbe weiß	rosarot weiß	rosarot weiß
24	scharlachrot ohne Kragen weiß	ponceaurot weiß	ponceaurot weiß	ponceaurot weiß
25	scharlachrot ohne Kragen weiß	scharlachrot weiß	scharlachrot weiß	scharlachrot weiß

No.	1760	1787	1798	1806
26	scharlachrot ohne Rabatten	scharlachrot Rabatten in Rockfarbe	ziegelrot	ziegelrot
	weiß	weiß	weiß	weiß
27	scharlachrot	ponceaurot	ponceaurot	ponceaurot
	weiß	weiß	weiß	weiß
28	dunkelblau ohne Rabatten, ohne Kragen	chamois	chamois	chamois
	paille	weiß	weiß	weiß
29	scharlachrot ohne Rabatten, ohne Kragen	karmoisinrot	karmoisinrot	karmoisinrot
	weiß	weiß	weiß	weiß
30	scharlachrot ohne Rabatten, ohne Kragen	chamois	chamois	chamois
	hellpaille	weiß	weiß	weiß
31	rosarot ohne Rabatten	Kragen und Ärmelaufschläge dunkelblau, Rabatten rosarot	rosarot	rosarot
	weiß	weiß	weiß	weiß
32	dunkelblau ohne Rabatten, ohne Kragen	chamois	chamois	chamois
	weiß	weiß	weiß	weiß
33	weiß	weiß	weiß	weiß
	weiß	weiß	weiß	weiß
34	ponceaurot	dunkelblau Rabatten ponceaurot	ponceaurot	ponceaurot
	hochgelb	weiß	weiß	weiß
35	schwefelgelb ohne Rabatten	schwefelgelb	schwefelgelb	schwefelgelb
	schwefelgelb	weiß	weiß	weiß
36	weiß ohne Rabatten	weiß	weiß	weiß
	weiß	weiß	weiß	weiß
37	ponceaurot ohne Rabatten	dunkelblau Rabatten scharlachrot	karmoisinrot	karmoisinrot
	weiß	weiß	weiß	weiß
38	dunkelrot	scharlachrot	scharlachrot	scharlachrot
	weiß	weiß	weiß	weiß
39	hochgelb ohne Rabatten	dunkelblau Rabatten chamois	weiß	weiß
	hochgelb	weiß	weiß	weiß
40	rosarot ohne Rabatten	dunkelblau Rabatten rosarot	rosarot	rosarot
	rosarot	weiß	weiß	weiß

No.	1760	1787	1798	1806
41	hellkarmoisinrot	hellkarmoisinrot	hellkarmoisinrot	hellkarmoisinrot
	paille	weiß	weiß	weiß
42	orange	orange	orange	orange
	weiß	weiß	weiß	weiß
43	ziegelrot ohne Rabatten	dunkelorange	dunkelorange	hellorange
	weiß	weiß	weiß	weiß
44	scharlachrot ohne Rabatten, ohne Kragen	dunkelblau Kragen schwarz	chamois	chamois
	paille	weiß	weiß	weiß
45	scharlachrot ohne Rabatten, ohne Kragen	dunkelblau Rabatten karmoisinrot	zitronengelb	zitronengelb
	weiß	weiß	weiß	weiß
46	schwarz ohne Kragen	schwarz Kragen dunkelblau	schwarz Kragen dunkelblau	scharlachrot (ab 1805)
	paille	weiß	weiß	weiß
47	zitronengelb	dunkelzitronengelb	dunkelzitronengelb	dunkelzitronengelb
	weiß	weiß	weiß	weiß
48	hochrot ohne Kragen	ponceaurot Kragen dunkelblau	ponceaurot	ponceaurot
	hellpaille	weiß	weiß	weiß
49	dunkelblau ohne Rabatten, ohne Kragen	dunkelorange Kragen dunkelblau	weiß	weiß
	dunkelziegelrot	weiß	weiß	weiß
50	hellkarmoisinrot	karmoisinrot	karmoisinrot	Offz. karmoisinrot, Mann. rosarot
	paille	weiß	weiß	weiß
51	schwefelgelb	dunkelzitronengelb	zitronengelb	zitronengelb
	weiß	weiß	weiß	weiß
52	scharlachrot	scharlachrot	scharlachrot	scharlachrot
	weiß	weiß	weiß	weiß
53	hochrot ohne Rabatten	bleumorant	hellgelb	hellgelb
	weiß	weiß	weiß	weiß
54	hellkarmoisinrot ohne Rabatten	dunkelblau Rabatten chamois	chamois	chamois
	weiß	weiß	weiß	weiß
55	rosarot ohne Rabatten	bleumourant	karmoisinrot	karmoisinrot
	zitronengelb	weiß	weiß	weiß
56	–	seit 1794: scharlachrot	scharlachrot	scharlachrot
		weiß	weiß	weiß

No.	1760	1787	1798	1806
57	–	seit 1795: rosarot weiß	rosarot weiß	rosarot weiß
58	–	seit 1796: hellgelb weiß	hellgelb weiß	hellgelb weiß
59	–	–	seit 1803: weiß weiß	weiß weiß
60	–	–	seit 1803: zitronengelb weiß	zitronengelb weiß

Füsilier-Bataillone F I–XXIV

No.	1787 Unterkleider weiß	1798 dunkelgrün	1799–1806 weiß
I	hellgrün	karmoisinrot	karmoisinrot
II	rosarot	karmoisinrot	karmoisinrot
III	weiß	dunkelgrün Rabatten schwarz	hellgrün
IV	hellblau	hellgrün	hellblau
V	dunkelgrün	dunkelgrün Rabatten karmoisinrot	karmoisinrot
VI	orange	schwarz	hellgrün
VII	rosarot	hellblau	schwarz
VIII	hellgrün	dunkelgrün Rabatten hellblau	hellblau
IX	hellgelb	dunkelgrün Rabatten hellgrün	hellblau
X	hellgelb	schwarz	schwarz
XI	weiß	schwarz Rabatten dunkelgrün	hellgrün
XII	orange	hellgrün Rabatten dunkelgrün	hellblau
XIII	chamois	schwarz Rabatten dunkelgrün	schwarz
XIV	schwarz	schwarz	schwarz
XV	chamois	dunkelgrün Rabatten schwarz	schwarz
XVI	schwarz	dunkelgrün Rabatten hellgrün	hellblau
XVII	hellblau	hellgrün	hellblau
XVIII	karmoisinrot	dunkelgrün Rabatten karmoisinrot	karmoisinrot
XIX	karmoisinrot	karmoisinrot	karmoisinrot
XX	dunkelgrün	karmoisinrot Rabatten dunkelgrün	karmoisinrot
XXI	–	schwarz	hellgrün
XXII	–	dunkelgrün Rabatten schwarz	schwarz
XXIII	–	schwarz Rabatten dunkelgrün	hellgrün
XXIV	–	dunkelgrün Rabatten schwarz	hellgrün

Feldjäger-Regiment zu Fuß

1760	1787	1798/1799	1806
scharlachrot ohne Rabatten	ponceaurot Rabatten zeisiggrün	ponceaurot Rabatten zeisiggrün	ponceaurot Rabatten grün
Weste zeisiggrün, Hose gelblich	Weste zeisiggrün, Hose paille	Weste zeisiggrün, Hose weiß	weiß

II. KAVALLERIE

Kürassier-Regimenter K 1–13

No.	1760	1787	1798	1806
1	ponceaurot			
2	karmoisinrot			
3	dunkelblau			
4	schwarz			
5	hellblau			
6	hellziegelrot			
7	zitronengelb		Abzeichen- und Westenfarben blieben unverändert bestehen	
8	dunkelblau			
9	karmoisinrot			
10	hochrot Weste dunkelblau			
11	hellblau			
12	orangerot			
13	ponceaurot			seit 1803: Weste dunkelblau

Gala-Uniform der Offiziere der Kürassier-Regimenter K 1–13
(für jedes Regiment erscheinen untereinanderstehend die Farbe des Rockes, der Abzeichen und der Unterkleider)

No.	1760	1787	1798	1806
1	weiß / ponceaurot / paille			
2	weiß / karmoisinrot / hellpaille			
3	weiß / dunkelblau / paille			
4	weiß / schwarz / paille			
5	weiß / hellblau / paille			
6	weiß / hellziegelrot / paille			
7	weiß / zitronengelb / paille			
8	weiß / dunkelblau / paille			
9	weiß / karmoisinrot / paille			
10	rot / dunkelblau / paille			
11	weiß / hellblau / paille			
12	weiß / orangerot / paille			
13	ponceaurot / blau / hellpaille			

Rock- und Abzeichenfarben blieben unverändert bestehen.
Für die Unterkleider schwanken die Farbtöne zwischen weiß, hellpaille und paille. Ramm gibt in seinem Werk bei K 7, 10, 11 und 13 Weste und Hose mit weiß an. Bei den anderen Regimentern ist die Weste paillefarben gehalten und die Hose weiß.

Dragoner-Regimenter D I–XIV

No.	1760	1787	1798	1806
I	schwarz / paille			
II	weiß / paille			
III	rosarot / hellpaille			
IV	paille / paille			
V	scharlachrot / paille	karmoisinrot		
VI	weiß / paille			
VII	scharlachrot / ohne Rabatten / gelb			
VIII	scharlachrot / gelb			
IX	dunkelblau / ohne Rabatten / hellpaille	hellblau / ohne Rabatten		
X	orangerot / ohne Rabatten / gelb			
XI	zitronengelb / paille			
XII	schwarz / Futter paille / paille			
XIII	–	–	zitronengelb / weiß	zitronengelb / weiß
XIV	–	–	–	chamois / weiß

Abzeichenfarben blieben unverändert bestehen.
Für die Zeit um 1787–1802 waren die Westen von in der Helligkeit schwankenden Pailletönen; die Hosen dagegen weiß auch für 1806. Durch die ab 1802 eingeführten Kolletts kamen die inzwischen weißen und schoßlosen Westen nicht zum Vorschein.
D VII, IX und X bekamen 1797 ebenfalls Rabatten.
D I bekam im gleichen Jahr Futter und damit Rockschöße in gelb.
D IX führt ab 1805 scharlachrote Abzeichen ohne Besätze.

Husaren-Regimenter H 1–11
(für jedes Regiment erscheinen untereinanderstehend die Farbe der Abzeichen, des Dolmans und des Pelzes)

No.	1760	1787	1798	1806
1	gelbgrün / gelbgrün / dunkelgrün	grün / grün / dunkelgrün	scharlachrot / dunkelgrün / dunkelgrün	scharlachrot / dunkelgrün / dunkelgrün
2	dunkelblau / scharlachrot / dunkelblau	dunkelblau / hochrot / dunkelblau	dunkelblau / scharlachrot / dunkelblau	dunkelblau / scharlachrot / dunkelblau
3	zitronengelb / weiß / dunkelblau	zitronengelb / weiß / dunkelblau	zitronengelb / hellpaille / dunkelblau	zitronengelb / seit 1800: dunkelblau / dunkelblau
4	hellblau / hellblau / weiß	hellblau / hellblau / hellblau	scharlachrot / hellblau / hellblau	scharlachrot / hellblau / hellblau
5	schwarz / schwarz / schwarz	scharlachrot / schwarz / schwarz	scharlachrot / schwarz / schwarz	scharlachrot / schwarz / schwarz

No.	1760	1787	1798	1806
6	zitronengelb braun	zitronengelb braun	zitronengelb braun	zitronengelb seit 1803: dunkelbraun
	braun	braun	braun	dunkelbraun
7	zitronengelb zitronengelb blau	hellblau hellgelb blau	hellblau hellgelb dunkelblau	hellblau hellgelb dunkelblau
8	scharlachrot scharlachrot scharlachrot	karmoisinrot karmoisinrot karmoisinrot	schwarz krapprot krapprot	schwarz dunkelkarmoisinrot krapprot
9	bis 1763: schwarz Dolmankragen und -aufschlag gelbgrün schwarz schwarz	–	–	–
	Bosniaken: Unterkleider scharlachrot Überrock schwarz	ab ca. 1780 Sommer alles rot Winter alles schwarz	ab 1800 Towarczys: Abzeichen ponceaurot Kollett dunkelblau Unterkleider weiß	
10	dunkelblau	dunkelblau	dunkelblau	seit 1801: schwefelgelb
	gelbpaille dunkelblau	hellgelb dunkelblau	hellgelb dunkelblau	dunkelblau dunkelblau
11	–	–	dunkelgrün	seit 1803: scharlachrot
			hellgelb dunkelgrün	dunkelgrün dunkelgrün

III. TECHNISCHE TRUPPEN
Feldartillerie-Regimenter 1–4

1760	1787	1798	1806
dunkelblau ohne Rabatten, ohne Kragen, Rockschöße scharlachrot	dunkelblau Rockschöße scharlachrot	schwarz Rockschöße scharlachrot	schwarz Rockschöße scharlachrot
hellpaille	weiß	weiß	weiß

Reitendes Artillerie-Regiment
(1759–1763: Reitende Artillerie-Brigade;
1773–1797: Reitende Artillerie;
bis 1805: Bataillon;
seit 1805: Reitendes Artillerie-Regiment)

1760	1787	1798	1806
dunkelblau ohne Kragen, ohne Rabatten, Rockschöße rot	dunkelblau Rockschöße rot	schwarz Rockschöße scharlachrot	schwarz seit 1801 Kolletts mit rot eingefaßten schwarzen Schößen
paille	weiß	weiß	weiß

Mineur-Korps und Pontonier-Korps

1760	1787	1798	1806
dunkelblau ohne Kragen, ohne Rabatten, Rockschöße rot orangerot	scharlachrot Rabatten dunkelblau, Rockschöße rot weiß	schwarz Rockschöße scharlachrot weiß	schwarz Rockschöße scharlachrot weiß

Ingenieur-Korps

1760	1787	1798	1806
scharlachrot	schwarz Rockschöße schwarz	schwarz Rockschöße rot	schwarz Rockschöße rot
scharlachrot	paille	Weste paille Hose weiß	Weste paille Hose weiß

IV. BESONDERE KORPS
Reitendes Feldjäger-Korps

1760	1787	1798	1806
ziegelrot ohne Rabatten gelb	ponceaurot Rabatten grün Weste grün Hose gelbledern	ponceaurot Rabatten grün Weste grün Hose gelbledern	ponceaurot Rabatten grün Weste weiß Hose gelbledern

Kadetten-Korps

1760	1787	1798	1806
scharlachrot paille	ponceaurot gelb	ponceaurot Weste gelbpaille Hose weiß	ponceaurot weiß

Invaliden-Korps

	1760	1787	1798	1806
a)	Berlin: dunkelblau ohne Rabatten Rockschöße rot dunkelblau	dunkelblau Rockschöße rot dunkelblau	dunkelblau Rockschöße rot dunkelblau	dunkelblau Rockschöße rot dunkelblau
b)	Garde-Invaliden: ponceaurot gelb	Provinz: ponceaurot Kragen dunkelblau weiß	ponceaurot Kragen dunkelblau weiß	ponceaurot Kragen dunkelblau weiß

Militärakademie

1760	1787	1798	1806
dunkelblau ohne Kragen, ohne Rabatten, Rockschöße rot	dunkelblau Rockschöße ponceaurot	ponceaurot ohne Rabatten	ponceaurot
paille	gelb	Weste paille Hose weiß	Weste paille Hose weiß

V. ADJUTANTUR

*(untereinanderstehend erscheinen die Farbe des Rockes,
der Abzeichen und der Unterkleider)*

General-Adjutanten der Infanterie

1760	1787	1798	1806
dunkelblau ohne Rabatten	dunkelblau	dunkelblau	dunkelblau
scharlachrot	schwarz Rockschöße gelb	ponceaurot	ponceaurot
gelb	gelb	Weste hellgelb Hose weiß	Weste hellgelb Hose weiß

General-Adjutanten der Kavallerie

1760	1787	1798	1806
weiß ohne Rabatten	weiß	weiß	weiß
scharlachrot	schwarz Rockschöße weiß	ponceaurot	ponceaurot
gelb	Weste gelb Hose paille	Weste gelb Hose weiß	Weste gelb Hose weiß

Flügel-Adjutanten der Infanterie

1760	1787	1798	1806
dunkelblau ohne Rabatten	dunkelblau	dunkelblau	dunkelblau
scharlachrot	schwarz Rockschöße gelb	ponceaurot	ponceaurot
gelb	gelb	Weste gelb Hose weiß	Weste gelb Hose weiß

Flügel-Adjutanten der Kavallerie

1760	1787	1798	1806
weiß ohne Rabatten	weiß	weiß	weiß
scharlachrot	schwarz Rockschöße weiß	ponceaurot	ponceaurot
gelb	Weste gelb Hose paille	Weste gelb Hose weiß	Weste gelb Hose weiß

Generalquartiermeister

1760	1787	1798	1806
dunkelblau ohne Rabatten		dunkelblau	dunkelblau
ponceaurot	(?)	karmoisinrot	karmoisinrot
weiß (?)		Weste hellgelb Hose weiß	Weste hellgelb Hose weiß

Generalstab der Infanterie

1760	1787	1798	1806
	dunkelblau	dunkelblau	dunkelblau
	ponceaurot	karmoisinrot	karmoisinrot
	gelb	Weste hellgelb Hose weiß	Weste hellgelb Hose weiß

Generalstab der Kavallerie

1760	1787	1798	1806
	weiß	weiß	weiß
	ponceaurot	karmoisinrot Rockschöße weiß	karmoisinrot Rockschöße weiß
	hellgelb	Weste hellgelb Hose weiß	Weste hellgelb Hose weiß

Offiziere von der Armee, Infanterie

1760	1787	1798	1806
dunkelblau ohne Rabatten	dunkelblau	dunkelblau	dunkelblau
scharlachrot	ponceaurot Rockschöße weiß	ponceaurot	ponceaurot
hellgelb	weiß	Weste gelb Hose weiß	Weste gelb Hose weiß

Offiziere von der Armee, Kavallerie

1760	1787	1798	1806
weiß ohne Rabatten	weiß	weiß	weiß
scharlachrot	ponceaurot Rockschöße weiß	ponceaurot Rockschöße weiß	ponceaurot Rockschöße weiß
paille	Weste gelb Hose hellpaille	Weste gelb Hose weiß	Weste gelb Hose weiß

Tabelle des Sitzes der Besatzmuster

Vorbemerkung

Für jeden Truppenteil werden die Angaben untereinanderstehend für die Chargen in der Reihenfolge Offizier, Unteroffizier und Mannschaft, je in einem kleinen Komplex zusammengefaßt, aufgeführt. Dabei erscheint pro Komplex ebenfalls untereinander:
– die Farbe der Besätze
– die Verteilung der Besätze nach Boltzescher Formel
Abweichungen, Ausnahmen bzw. Besonderheiten sind, soweit es die tabellarische Form zuläßt, vermerkt.

Sämtliche am Rock vorkommenden Besätze in Form von Borten und Tressen, Schnüren sowie Stickereien und Schleifen werden nach der von Eberhard Boltze entwickelten Formel angegeben (zur Erläuterung der Formel siehe Rockskizze, S. 114).

Somit geben die Informationen der Tabelle nur Auskunft über die Verteilung der Besätze am Rock, nicht jedoch über ihre äußere Form.

I. INFANTERIE

Regimenter No. 1–60

No.	1760	1787	1798	1806
1	silbern −/2/−/2/1 + 2 seitlich in der Taille	silbern −/2/−/2/1 + 2 seitlich in der Taille	silbern −/2/−/2/1 + 2 seitlich in der Taille	silbern −/2/−/2/2

No.	1760	1787	1798	1806
	sowie Kantenstickerei um Rabatte, Aufschlag und Patte	sowie Kantenstickerei um Rabatte, Aufschlag und Patte	sowie Kantenstickerei um Rabatte, Aufschlag und Patte	sowie Kantenstickerei um Rabatte, Aufschlag und Patte
	silbern Kantentresse um Rabatte, Aufschlag und Patte	silbern Kantentresse um Rabatte, Aufschlag und Patte	silbern Kantentresse um Rabatte, Aufschlag und Patte	silbern Kantentresse um Rabatte, Aufschlag und Patte
	weiß 6/2/2/2/1	weiß 6/2/2/2/1	weiß 6/2/2/–/1	weiß 6/2/2/–/1
2	golden Kantenstickerei um Rabatte, Aufschlag und Patte	golden Kantenstickerei um Rabatte, Aufschlag und Patte	golden Kantenstickerei um Rabatte, Aufschlag und Patte	golden Kantenstickerei um Rabatte, Aufschlag und Patte
	golden –/2/–/–/1	golden –/2/–/–/1	golden –/2/–/–/1	golden –/2/–/–/1
	karmoisinrot mit weißen Puscheln –/2/–/–/1	karmoisinrot mit weißen Puscheln –/2/–/–/1	karmoisinrot mit weißen Puscheln –/2/–/–/1	karmoisinrot mit weißen Puscheln –/2/–/–/1
3	keine	keine	keine	keine
	silbern mit schwarz –/2/–/–/1	silbern mit schwarz –/2/–/–/1	silbern mit schwarz –/2/–/–/1	silbern mit schwarz –/2/–/–/1
	weiß mit schwarz –/2/–/–/1	weiß mit schwarz –/2/–/–/1	weiß mit schwarz –/2/–/–/1	weiß mit schwarz –/2/–/–/1
4	golden Kantenstickerei um den Rock, Aufschlag, Patte und in den Falten	golden 7/2/3/–/–	golden –/2/3/3/1	golden –/2/3/3/1
	golden –/2/3/–/1 sowie Kantentresse am Rock	golden 7/2/2/–/–	golden –/2/–/–/1	golden –/2/–/–/1
	weiß 6/2/3/–/1	weiß 7/2/2/–/–	weiß, blau gestreift –/2/2/–/1	weiß, blau gestreift –/2/2/–/1
5	golden 6/2/2/2/1 + 2 seitlich in der Taille	golden –/2/–/–/2	golden –/2/2/2/2	golden –/2/2/–/1
	golden –/2/2/–/1 sowie Tresse um Aufschlag und Patte	golden –/2/2/–/1 sowie Tresse um Aufschlag und Patte	golden –/2/–/–/1 sowie Tresse um Aufschlag und Patte	golden –/2/–/–/1 sowie Tresse um Aufschlag und Patte
	orange mit weißen Puscheln –/2/–/–/1	orange mit weißen Puscheln –/2/2/–/1	orange mit weißen Puscheln –/2/–/–/1	orange mit weißen Puscheln –/2/–/–/1

No.	1760	1787	1798	1806
6	golden 6/2/4/2/1 + 2 seitlich in der Taille und 2 in den Falten	golden 6/2/4/2/1 + 2 seitlich in der Taille und 2 in den Falten	golden 6/2/4/2/1 + 2 seitlich in der Taille und 2 in den Falten	golden 6/2/4/2/1 + 2 seitlich in der Taille und 2 in den Falten
	golden 6/–/4/–/1	golden 6/–/4/–/1	golden 6/–/4/–/1	golden 6/–/4/–/1
	golden 6/–/4/–/1	golden 6/–/4/–/1	golden 6/–/4/–/1	golden 6/–/4/–/1
6	Interimsuniformen seit 1800:		golden 8/2/2/–/1 golden 8/2/2/–/1 golden 8/–/2/–/1	} ebenso
7	keine	keine	keine	keine
	keine, jedoch silberne Tresse um den Aufschlag	keine, jedoch silberne Tresse um den Aufschlag	keine, jedoch silberne Tresse um den Aufschlag	keine, jedoch silberne Tresse um den Aufschlag
	keine	keine	keine	keine
8	golden –/3/2/3/3 + 2 seitlich in der Taille	golden –/3/2/3/3 + 2 seitlich in der Taille	golden –/3/2/3/3 + 2 seitlich in der Taille	golden 8/2/3/–/1
	golden –/2/–/–/1	golden –/2/–/–/1	golden –/2/–/–/1	golden –/2/–/–/1
	weiß, blau gestreift 11/2/2/–/1	weiß, blau gestreift 11/2/2/–/1	weiß, blau gestreift 11/2/2/–/1	weiß, blau gestreift 11/2/2/–/1
9	golden Kantenstickerei um Rabatte und Aufschlag; golden 5/–/2/–/–; weiß 6/2/2/–/1 sowie Borte um den Aufschlag	} ebenso	} ebenso	} ebenso
10	silbern 6/2/2/–/1	silbern 7/2/3/–/–	silbern –/2/3/3/1	silbern –/2/3/3/1
	silbern 3/2/2/–/1	silbern 7/2/2/–/–	silbern –/2/–/–/1	silbern –/2/–/–/1
	weiß 6/2/2/–/1	weiß 7/2/2/–/–	weiß, rot gestreift –/2/2/–/1	weiß, rot gestreift –/2/2/–/1
11	golden 6/2/2/2/1	silbern 7/2/3/–/–	silbern –/2/3/3/1	silbern –/2/3/3/1
	golden 6/–/–/–/1	silbern 7/2/2/–/–	silbern –/2/–/–/1	silbern –/2/–/–/1
	weiß 6/2/–/–/1	weiß 7/2/2/–/–	weiß, rot und blau gestreift –/2/2/–/1	weiß, rot und blau gestreift –/2/2/–/1

No.	1760	1787	1798	1806
	sowie Borte an den Kanten von Aufschlag und Patte			
12	golden 6/2/2/2/1 + 2 seitlich in der Taille golden 6/2/2/–/1 weiß 6/2/2/–/1	golden 7/2/3/2/1 + 2 seitlich in der Taille golden 7/2/2/–/1 weiß 7/2/2/–/1	golden 8/2/3/2/1 + 2 seitlich in der Taille golden 6/2/2/–/1 weiß 6/2/2/–/1	golden 8/2/3/2/1 golden 6/2/2/–/1 weiß 6/2/2/–/1
13	silbern –/2/2/2/1 + 2 seitlich in der Taille silbern –/2/2/–/1 weiß –/2/2/–/1	silbern –/2/2/2/1 + 2 seitlich in der Taille silbern –/2/2/–/1 weiß –/2/2/–/1	silbern –/2/3/2/1 + 2 seitlich in der Taille silbern –/2/2/–/1 weiß –/2/2/–/1	silbern –/2/3/2/1 silbern –/2/2/–/1 weiß –/2/2/–/1
14	golden, orange gemustert –/2/–/–/1 keine, jedoch goldfarbene Tresse um Aufschlag und Patte weiß, rot gestreift 6/–/2/–/–	ebenso	ebenso	ebenso
15^{I}	silbern 6/2/2/2/2 + 2 seitlich in der Taille und 2 in den Falten silbern 7/2/2/–/1 sowie Tresse um den Kragen silbern 7/2/2/–/1 sowie Tresse um den Kragen	silbern 7/3/3/3/3 sowie Kantenstickerei um Rabatte, Kragen, Aufschlag, Patte und Taschenklappe silbern 7/3/3/3/1 sowie Kantentresse um Rabatte, Kragen, Aufschlag, Patte und Taschenklappe silbern 7/3/3/3/1 sowie Tresse um den Kragen	silbern 8/2/2/2/1 sowie Kantenstickerei um Rabatte, Kragen, Aufschlag und Patte silbern 8/2/2/2/1 sowie Kantentresse um Rabatte und Kragen silbern 8/2/2/2/1 sowie Kantentresse um Rabatte und Kragen	ebenso
15$^{II/III}$	silbern 6/2/2/2/2 + 2 seitlich in der	silbern 7/2/2/2/2 + 2 seitlich in der	silbern 8/2/2/2/2 sowie Kanten-	

No.	1760	1787	1798	1806
	Taille und 2 in den Falten silbern 6/–/2/–/1 sowie Tresse um den Kragen silbern 6/–/2/–/1	Taille und 2 in den Falten sowie Kantenstickerei um die Rabatte, Aufschläge und Taschenklappen silbern 7/2/2/2/1 sowie Kantentresse um die Rabatte, Aufschlag und Kragen silbern 7/2/2/2/1	stickerei um die Rabatte, Kragen, Aufschlag und Taschenklappe silbern 8/2/–/–/1 sowie Kantentresse um Rabatte und Kragen silbern 8/2/–/–/1	ebenso
15^{I}	Interimsuniform Offiziere: keine	silbern 7/3/3/3 sowie seitlich in der Taille und hinten triangelförmige Stickerei	silbern 8/2/2/2/1	ebenso
15$^{II/III}$	keine	silbern 7/3/3/2 sowie in der Taille und hinten triangelförmige Stickerei	silbern 8/2/2/2/1	ebenso
16	golden 9/2/4/2/1 + 2 seitlich in der Taille golden 6/–/–/–/– weiß, rot und schwarz gestreift –/2/–/–/1	ebenso	ebenso	ebenso, bei den Offizieren fallen jedoch die Besätze in der Taille weg
17	golden 6/2/2/2/1 + 2 seitlich in der Taille golden 6/2/2/–/1 weiß, rot gestreift 6/2/2/–/1	golden 7/2/2/2/1 + 2 seitlich in der Taille golden 6/2/2/–/1 weiß, rot gestreift 6/2/2/–/1	golden 6/2/2/2/1 + 2 seitlich in der Taille golden 6/2/2/–/1 weiß, rot gestreift 6/2/2/–/1	ebenso, bei den Offizieren fallen jedoch die Besätze in der Taille weg
18	silbern 6/2/2/2/1 + 2 seitlich in der Taille silbern 6/–/2/–/1 weiß 6/–/2/–/1	silbern 7/2/2/2/1 + 2 seitlich in der Taille silbern 6/–/2/–/1 weiß 6/–/2/–/1	silbern 8/2/2/2/1 + 2 seitlich in der Taille silbern 6/–/2/–/1 weiß 6/–/2/–/1	ebenso, bei den Offizieren fallen jedoch die Besätze in der Taille weg

No.	1760	1787	1798	1806
19	golden 13/2/2/3/2 + 2 seitlich in der Taille und 2 in den Falten	silbern 7/–/3/3/–	silbern –/2/3/3/1	silbern –/2/3/3/1
	golden 6/–/2/–/–	silbern 7/–/3/2/–	silbern –/2/–/–/1	silbern –/2/2/–/1
	weiß, orange gemustert 6/2/2/–/1	weiß 7/–/3/2/–	weiß –/2/2/–/1	weiß –/2/2/–/1
20	golden 8/2/2/2/1 golden –/–/2/–/– sowie Tresse um den Aufschlag keine, weiße Borte mit blauen Streifen um Rabatte, Aufschlag, Patte	ebenso	ebenso	ebenso
21	golden 6/2/2/–/1 golden 6/–/–/–/– sowie Tresse um Aufschlag und Patte weiß, rot gestreift 9/2/2/–/1 sowie Borte um Aufschlag und Patte	golden 7/2/3/2/1 golden 7/2/3/–/1 sowie Tresse um Aufschlag und Patte weiß, rot gestreift 7/2/3/–/1	silbern –/2/3/3/1 silbern 8/2/3/–/1 sowie Tresse um Aufschlag und Patte weiß, rot gestreift 8/2/3/–/1	ebenso; Ramm gibt für die Mannschaften auf dem bzw. über dem Aufschlag nur 2 Besätze an
22	golden 4/2/2/2/2 + 2 seitlich in der Taille golden 4/–/2/–/– weiß, rot gestreift –/2/2/–/– sowie Borte um Aufschlag und Patte	golden 8/2/2/2/1 golden 4/–/2/–/– weiß, rot gestreift –/2/2/–/1 sowie Borte um Aufschlag und Patte	golden 6/2/3/2/1 (bei Ramm nur 2 über dem Aufschlag) golden –/2/2/–/1 weiß, rot gestreift –/2/2/–/1 sowie Borte um Aufschlag und Patte	golden 6/2/3/2/1 golden –/2/4/–/1 weiß, rot gestreift –/2/2/–/1 sowie Borte um Aufschlag und Patte
23	silbern 6/2/2/–/1 silbern 6/–/2/–/– weiß 6/2/2/–/–	silbern 7/2/3/3/1 silbern 7/2/2/–/– weiß 7/2/3/–/1	silbern –/2/3/3/1 silbern –/2/–/–/1 weiß, blau gestreift –/2/2/–/1	ebenso

No.	1760	1787	1798	1806
24	golden –/2/2/2/1 + 2 seitlich in der Taille golden 6/–/–/–/– weiß, rot gemustert 6/2/2/–/1 sowie Borte um Rabatte, Aufschlag und Patte	ebenso	ebenso	ebenso
25	golden 6/2/2/–/1 golden –/2/–/–/1 weiß, blau gestreift 6/2/2/–/1	golden –/2/3/3/1 golden –/2/–/–/1 weiß, blau gestreift 6/2/2/–/1	ebenso	ebenso
26	golden 6/2/4/2/1 + 2 seitlich in der Taille golden 6/2/2/–/1 gelb 6/2/2/–/1	golden 7/2/3/2/1 golden 7/2/2/–/1 gelb 7/2/2/–/1	golden –/2/3/3/1 golden –/2/–/–/1 orange mit weißen Puscheln –/2/2/–/1	ebenso
27	golden Kantenstickerei um Rock, Rabatte, Aufschlag, Patte, Taschenklappen, im Schoß und in den Falten golden Kantentresse um Rabatte, Aufschlag und Patte weiß Borte um Rabatte, Aufschlag und Patte	ebenso	ebenso	ebenso
28	keine keine, jedoch silberne Tresse um den Aufschlag keine	ebenso	ebenso	ebenso
29	golden 6/2/2/–/1 golden 6/2/–/–/– weiß, rot gestreift 6/2/–/–/–	golden 7/2/3/–/– golden 7/2/–/–/– weiß, rot gestreift 7/2/2/–/–	golden –/2/3/3/1 golden –/2/–/–/1 weiß, rot und dunkelblau gestreift –/2/2/–/1	ebenso

No.	1760	1787	1798	1806
30	golden 6/2/2/–/1 keine, jedoch goldene Tresse um Aufschlag und Patte orange mit weißen Puscheln 6/2/2/–/1	silbern 7/2/3/–/– keine, jedoch silberne Tresse um Aufschlag und Patte weiß 7/2/2/–/–	silbern –/2/3/3/1 keine, jedoch silberne Tresse um Aufschlag und Patte weiß, rot und blau gestreift –/2/2/–/1	ebenso
31	keine keine, jedoch goldene Tresse um den Aufschlag keine	ebenso, jedoch beim Unteroffizier Tresse auch um die Patte	ebenso	ebenso, jedoch beim Offizier jetzt Besätze 8/–/2/2/–
32	keine keine, jedoch goldene Tresse um den Aufschlag keine	ebenso, jedoch beim Unteroffizier Tresse auch um die Patte	ebenso	ebenso
33	keine keine, jedoch goldene Tresse um den Aufschlag keine	ebenso	ebenso	ebenso
34	keine keine, jedoch silberne Tresse um den Aufschlag keine	silbern –/3/3/3/1 keine, jedoch silberne Tresse um den Aufschlag keine	silbern –/2/3/3/1 –/2/–/–/1 weiß –/2/–/–/1	ebenso
35	keine keine, jedoch silberne Tresse um den Aufschlag keine	silbern 7/2/–/3/1 keine, jedoch silberne Tresse um den Aufschlag keine	silbern 8/2/–/2/1 sowie Einfassung um Kragen und Aufschlag (bei Ramm auch 2 Besätze über dem Aufschlag) keine, jedoch silberne Tresse um den Aufschlag keine	ebenso
36	keine keine, jedoch goldene Tresse um den Aufschlag keine	ebenso, jedoch beim Unteroffizier silberne Tresse um den Aufschlag	ebenso	ebenso, jedoch beim Offizier silberne Besätze –/2/3/3/1
37	keine keine, jedoch goldene Tresse um den Aufschlag keine	keine, jedoch Rabatte, Aufschlag und Tasche weiß eingefaßt keine, jedoch goldene Tresse um den Aufschlag und Patte keine, jedoch Rabatte, Aufschlag und Tasche weiß eingefaßt	silbern –/2/3/3/1 keine, jedoch silberne Tresse um Aufschlag und Patte keine	ebenso
38	keine keine, jedoch goldene Tresse um den Aufschlag keine	ebenso, jedoch beim Unteroffizier Tresse auch um die Patte	ebenso	ebenso
39	keine keine, jedoch silberne Tresse um den Aufschlag keine	keine keine, jedoch goldene Tresse um den Aufschlag und Patte keine	golden –/2/3/3/1 golden –/2/–/–/1 weiß, rot gestreift –/2/–/–/1	ebenso
40	silbern 3/2/2/2/1 keine, jedoch silberne Tresse um den Aufschlag keine	silbern 7/2/3/–/– keine, jedoch silberne Tresse um Aufschlag und Patte keine	silbern –/2/3/3/1 silbern –/2/–/–/1 keine	ebenso
41	golden –/2/–/–/1 golden –/2/–/–/1 sowie Tresse um den Aufschlag zitronengelb –/2/–/–/1	ebenso	ebenso	ebenso
42	keine keine, jedoch goldene Tresse um den Aufschlag keine	ebenso	ebenso	ebenso
43	keine keine, jedoch goldene Tresse um den Auf-	keine keine, jedoch silberne Tresse um Aufschlag	silbern –/2/3/–/1 (ab 1795) keine, jedoch silberne Tresse um Aufschlag	ebenso

No.	1760	1787	1798	1806
	schlag keine	und Patte keine	und Patte keine	
44	golden 6/2/2/3/2 (nach Tressen- musterbuch 3/3/3/3/2) keine, jedoch goldene Doppel- tresse um den Aufschlag karmoisinrot mit weißen Puscheln 6/2/2/–/1	golden 7/2/3/–/– golden 7/2/2/–/– karmoisinrot mit weißen Puscheln 7/2/2/–/–	golden –/2/3/3/1 golden –/2/–/–/1 weiß, blau ge- streift –/2/2/–/1	ebenso
45	golden –/2/–/2/1 + 2 seitliche in der Taille golden –/–/2/–/– + 5 auf dem Auf- schlag weiß mit weiß- roten Puscheln 6/2/2/–/1	golden 7/2/3/–/– golden 7/2/2/–/– weiß 7/2/2/–/–	golden –/2/3/3/1 golden –/2/–/–/1 weiß, rot ge- streift –/2/2/–/1	ebenso
46	keine keine, jedoch goldene Tresse um den Aufschlag keine	ebenso	ebenso	ebenso
47	keine keine, jedoch goldene Tresse um den Aufschlag keine	ebenso, je- doch beim Unteroffizier Tresse auch um die Patte	ebenso, je- doch beim Unteroffizier keine Patte	ebenso
48	golden 6/2/2/2/1 keine, jedoch goldene Tresse um Aufschlag und Patte weiß mit oran- gefarbenen Puscheln 6/2/2/–/1	golden 6/2/2/2/1 keine, jedoch goldene Tresse um Aufschlag und Patte weiß mit oran- gefarbenen Puscheln 6/2/2/–/1	silbern 8/2/3/2/1 (?), vermutlich silberne Tresse um Aufschlag und Patte weiß mit karmoi- sinroten Puscheln 6/2/2/–/1	ebenso, je- doch Mann- schaften weiße Be- sätze mit weißen Puscheln
49	silbern 6/2/2/2/1 keine, jedoch silberne Tresse um den Auf- schlag keine	silbern 7/2/3/–/– keine, jedoch silberne Tresse um Aufschlag und Patte keine	silbern –/2/3/3/1 –/2/–/–/1 weiß, blau ge- streift –/2/–/–/1	ebenso

No.	1760	1787	1798	1806
50	silbern –/2/–/–/1 silbern –/2/–/–/1 sowie Tresse um den Aufschlag weiß –/2/–/–/1	ebenso	ebenso	ebenso
51	silbern –/2/–/–/1 keine, jedoch silberne Tresse um den Aufschlag keine	ebenso, je- doch beim Unteroffizier Tresse auch um die Patte	ebenso, je- doch beim Unteroffizier ohne Patte	ebenso, je- doch beim Offizier zur Parade die Besätze 8/2/2/2/1
52	silbern –/2/–/–/1 keine, jedoch silberne Tresse um den Aufschlag keine	ebenso, je- doch beim Unteroffizier Tresse auch um die Patte	ebenso	ebenso, je- doch beim Offizier die Besätze –/2/–/3/1
53	silbern –/2/–/–/1 keine, jedoch silberne Tresse um den Auf- schlag keine	silbern –/2/–/–/1 keine, jedoch silberne Tresse um Aufschlag und Patte keine	golden –/2/3/3/1 –/2/–/–/1 keine	ebenso
54	golden –/2/–/–/1 keine, jedoch goldene Tresse um den Auf- schlag keine	silbern –/2/–/–/1 keine, jedoch silberne Tresse um Aufschlag und Patte keine	silbern –/2/3/3/1 silbern –/2/–/–/1 weiß –/2/–/–/1	ebenso
55	silbern –/2/–/–/1 keine, jedoch silberne Tresse um den Auf- schlag keine	golden –/2/–/–/1 keine, jedoch goldene Tresse um Aufschlag und Patte keine	golden –/2/3/3/1 golden –/2/–/–/1 keine	ebenso
56		seit 1794: keine keine, jedoch silberne Tresse um Aufschlag und Patte keine	ebenso	ebenso
57		seit 1795:	golden –/2/3/3/1	

No.	1760	1787	1798	1806
			golden −/2/−/−/1 weiß, rot ge-streift −/2/2/−/1	ebenso
58		seit 1796:	silbern −/2/3/3/1 silbern −/2/−/−/1 weiß −/2/2/−/1	ebenso
59			seit 1803:	keine keine, jedoch goldene Tresse um den Aufschlag keine
60			seit 1803:	keine keine, jedoch goldene Tresse um den Aufschlag keine

Füsilier-Bataillone F I–XXIV

(Sowohl an den Offiziersuniformen als auch an den Unteroffiziers- und Mannschafts-monturen dieser ab 1787 aufgestellten Truppenteile befanden sich keine Besatzmuster.)

Feldjäger-Regiment zu Fuß

(Sowohl an den Offiziersuniformen als auch an den Unteroffiziers- und Mannschafts-monturen befanden sich keine Besatzmuster.)

II. KAVALLERIE

Kürassier-Regimenter K 1–13

(Nur an den Gala-Uniformen der Offiziere befanden sich Besatzmuster.)

No.	1760	1787	1798	1806
1	silbern 6/2/2/2/1 + 2 seitlich in der Taille			
2	silbern 6/2/2/2/1 + 2 seitlich in der Taille	ebenso	ebenso	ebenso
3	golden 6/2/2/2/1 + 2 seitlich in der Taille			

No.	1760	1787	1798	1806
4	golden 6/2/2/2/1 + 2 seitlich in der Taille			
5	golden 6/2/2/2/1 + 2 seitlich in der Taille			
6	golden 6/2/2/2/1 + 2 seitlich in der Taille			
7	silbern 6/2/2/2/1 + 2 seitlich in der Taille			
8	silbern 6/2/2/2/1 + 2 seitlich in der Taille	ebenso	ebenso	ebenso
9	golden 6/2/2/2/1 + 2 seitlich in der Taille			
10	golden 6/2/2/2/1 + 2 seitlich in der Taille			
11	silbern 6/2/2/2/1 + 2 seitlich in der Taille			
12	golden 6/2/2/2/1 + 2 seitlich in der Taille			
13	silbern 6/2/2/2/1 + 2 seitlich in der Taille und 2 in den Falten	silbern 7/2/3/3/2 + 2 seitlich in der Taille und 2 in den Falten sowie Stickerei um Kragen, Rabatte, Aufschlag und Patte	silbern 8/2/2/2/1 + 2 seitlich in der Taille sowie Stickerei um Kragen, Rabatte und Aufschlag	silbern 8/2/2/2/1 sowie Kantenstickerei um Kragen, Rabatte und Aufschlag
13	Interimsuniform:	silbern 7/2/3/2/1	silbern 8/2/2/2/2	silbern 8/2/2/2/1

Dragoner-Regimenter D I–XIV

(Unteroffiziere führten keine Besatzmuster, ebenso die Mannschaften. Lediglich D IX bildete eine Ausnahme.
Bei allen anderen Regimentern führte der Unteroffizier lediglich die Tresse um den Ärmelaufschlag.)

No.	1760	1787	1798	1806
I	golden 6/2/2/2/1 + 2 seitlich in der Taille	golden 6/2/2/2/1 + 2 seitlich in der Taille	golden 6/2/2/2/1 + 2 seitlich in der Taille	golden 6/2/2/2/1
II	golden 6/2/2/2/1 + 2 seitlich in der Taille	golden 6/2/2/2/1 + 2 seitlich in der Taille	golden 6/2/2/2/1 + 2 seitlich in der Taille	golden 6/2/2/2/1
III	silbern 6/2/2/2/1 + 2 seitlich in der Taille	silbern 6/2/2/2/1 + 2 seitlich in der Taille	silbern 6/2/2/2/1 + 2 seitlich in der Taille	silbern 6/2/2/2/1
IV	silbern 6/2/2/2/1	silbern 6/2/2/3/1	silbern 6/2/2/3/1	silbern 8/2/2/3/2
V	silbern –/2/–/–/1	silbern –/2/–/–/1	silbern –/2/–/–/1	silbern 8/2/2/2/1
VI	silbern –/2/–/–/1	silbern –/2/–/2/1 + 2 seitlich in der Taille	silbern –/2/–/2/1 + 2 seitlich in der Taille	silbern –/2/–/2/1
VII	golden 6/2/2/2/1 + 2 seitlich in der Taille	golden 6/2/2/2/1 + 2 seitlich in der Taille	golden 6/2/2/2/1 + 2 seitlich in der Taille	golden 6/2/2/2/1
VIII	silbern 6/2/2/2/1 + 2 seitlich in der Taille	silbern 6/2/2/2/1 + 2 seitlich in der Taille	silbern 6/2/2/2/1 + 2 seitlich in der Taille	silbern 6/2/2/2/1
IX	silbern 6/2/2/2/1 + 2 seitlich in der Taille und 2 in den Falten	silbern 6/2/2/2/2 + 2 seitlich in der Taille und 2 in den Falten	silbern 6/2/2/2/2 + 2 seitlich in der Taille	silbern 8/2/2/2/1
	silbern 6/2/2/2/1	silbern 6/2/2/2/1	silbern 6/2/2/–/1	silbern 8/–/2/–/–
	weiß 6/2/2/2/1	weiß 6/2/2/2/1	weiß 6/2/2/–/1	weiß 8/–/2/–/–
X	silbern 6/2/2/–/1	silbern 6/2/2/–/1	silbern 6/2/2/2/1	silbern 8/2/2/2/1
XI	silbern 6/2/2/2/1 + 2 seitlich in der Taille	silbern 6/2/2/2/1 + 2 seitlich in der Taille	silbern 6/2/2/2/1 + 2 seitlich in der Taille	silbern 6/2/2/2/1
XII	silbern 6/2/2/2/1 + 2 seitlich in der Taille	silbern 6/2/2/2/1 + 2 seitlich in der Taille	silbern 6/2/2/2/1 + 2 seitlich in der Taille	silbern 6/2/2/2/1

No.	1760	1787	1798	1806
XIII			keine Besätze	golden 8/2/2/2/1
XIV				keine Besätze

Husaren-Regimenter H 1–11

(Die Husaren, Bosniaken und Towarczys führten keine Besatzmuster. Die Dolmane und Pelze der Husaren waren über der Brust mit doppelter Reihe zu 12, 15 oder 18 Schnüren versehen. Pelz und Dolman hatten dabei stets gleiche Schnurzahl. Im Regiment ist die Anzahl für die Mannschaften, Unteroffiziere und Trompeter identisch. Lediglich bei den Offizieren kamen Abweichungen vor.)

III. TECHNISCHE TRUPPEN

Feldartillerie-Regimenter 1–4

No.	1760	1787	1798	1806
	keine Besätze Stickereitresse um die Kanten der Weste und deren Taschenklappe in gold	golden 7/2/3/2/1	golden –/2/3/3/1	golden –/2/3/3/1
	keine Besätze, jedoch goldene Tresse um Aufschlag und Patte	golden –/2/2/–/1 ebenso Feuerwerker und Bombardier (hier jedoch ohne Puschel) zusätzlich Unteroffiziere und Feuerwerker Tresse um Aufschlag und Patte	golden –/2/3/–/1 } ebenso	golden –/2/3/–/1 } ebenso
	keine Besätze	keine Besätze	keine Besätze	keine Besätze

Reitendes Artillerie-Regiment

(Reitende Artillerie-Brigade 1759–1763; Reitende Artillerie 1773–1797; bis 1805 Bataillon; Reitendes Artillerie-Regiment 1805.)

No.	1760	1787	1798	1806
	keine Besätze Stickereitresse um die Kanten der Weste und deren Taschenklappe in gold	golden 7/2/3/2/1	golden –/2/3/3/1	golden –/2/3/3/1
	keine Besätze, jedoch goldene Tresse um Aufschlag und Patte	golden –/2/2/–/1 sowie Tresse um Aufschlag und Patte ebenso beim Feuerwerker; Bombardier nur Besätze ohne Puschel	golden –/2/3/–/1 } ebenso	keine Besätze, beim Unteroffizier und Feuerwerker goldene Tresse um Kragen und Aufschlag; beim Bombardier nur um den Aufschlag
	keine Besätze	keine Besätze	keine Besätze	keine Besätze

Mineur-Korps und Pontonier-Korps

No.	1760	1787	1798	1806
	silbern 6/2/2/2/1	golden 7/–/3/–/1	golden –/2/3/3/1	golden –/2/3/3/1
	keine Besätze, jedoch Tresse um den Aufschlag	keine Besätze, jedoch Tresse um Aufschlag und Patte	golden –/2/3/–/1 sowie Tresse um Aufschlag und Patte	golden –/2/3/–/1 sowie Tresse um Aufschlag und Patte
	keine Besätze	keine Besätze	keine Besätze	keine Besätze

Ingenieur-Korps
(Unteroffiziere und Mannschaften führten keine Besatzmuster.)

No.	1760	1787	1798	1806
	silbern 3/2/2/2/1 + 2 seitlich in der Taille	silbern 7/2/3/3/1	silbern 8/2/2/2/1	silbern 8/2/2/2/1

IV. BESONDERE KORPS

Reitendes Feldjäger-Korps
(Unteroffiziere und Mannschaften führten keine Besatzmuster.)

No.	1760	1787	1798	1806
	golden 6/2/2/2/1	golden 6/2/2/2/1	golden 6/2/2/2/1	golden 6/2/2/2/2

Kadetten-Korps
(Die dritte Angabe bezieht sich hier auf die Kadetten.)

No.	1760	1787	1798	1806
	silbern 3/2/2/2/1 später dann 6/2/2/2/1	silbern 7/2/2/2/1 (?)	silbern 8/2/2/3/1	silbern 8/2/2/2/1
	keine Besätze, jedoch silberne Tresse um Rabatte und Aufschlag	keine Besätze, jedoch silberne Tresse um Rabatte und Aufschlag	keine Besätze, jedoch silberne Tresse um Rabatte und Aufschlag	keine Besätze, jedoch silberne Tresse um Rabatte und Aufschlag
	keine Besätze, jedoch silberne Tresse um den Aufschlag	keine Besätze, jedoch silberne Tresse um den Aufschlag	keine Besätze, jedoch silberne Tresse um den Aufschlag	keine Besätze, jedoch silberne Tresse um den Aufschlag

Invaliden-Korps
(Mitglieder führten keine Besätze.)

V. ADJUTANTUR
(Offiziere der Königlichen Suite.)

No.	1760	1787	1798	1806

Generaladjutanten von der Infanterie

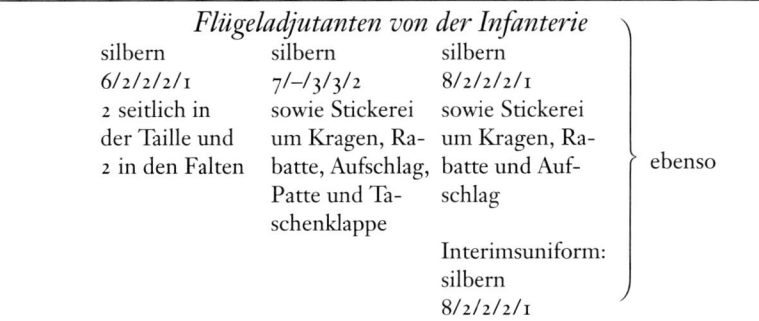

No.	1760	1787	1798	1806
	golden 6/2/2/2/1 +	golden 7/–/3/3/2	golden 8/2/2/2/1	
	2 seitlich in der Taille und 2 in den Falten	sowie Stickerei um Kragen, Rabatte, Aufschlag, Patte und Taschenklappe	sowie Stickerei um Kragen, Rabatte und Aufschlag	} ebenso
			Interimsuniform: golden 8/2/2/2/1	

Generaladjutanten von der Kavallerie
(Die Besatzmuster und ihre Anordnung sind identisch mit denen der Generaladjutanten von der Infanterie. Gleiches trifft auf die ebenfalls in golden ausgeführten Besätze der Interimsuniform zu.)

Flügeladjutanten von der Infanterie

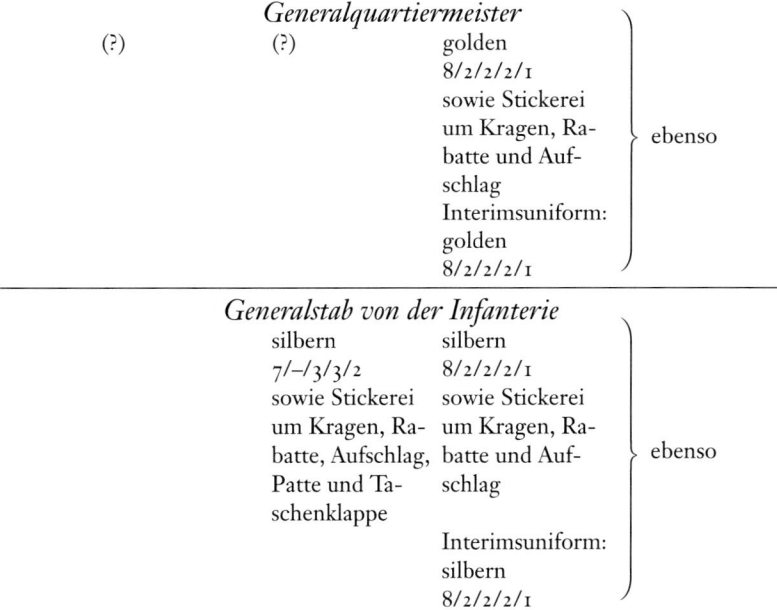

	1760	1787	1798	1806
	silbern 6/2/2/2/1	silbern 7/–/3/3/2	silbern 8/2/2/2/1	
	2 seitlich in der Taille und 2 in den Falten	sowie Stickerei um Kragen, Rabatte, Aufschlag, Patte und Taschenklappe	sowie Stickerei um Kragen, Rabatte und Aufschlag	ebenso
			Interimsuniform: silbern 8/2/2/2/1	

Flügeladjutanten von der Kavallerie
(Die Besatzmuster und ihre Anordnung sind identisch mit denen der Flügeladjutanten von der Infanterie. Gleiches trifft auf die ebenfalls in silbern ausgeführten Besätze der Interimsuniform zu.)

Generalquartiermeister

	1760	1787	1798	1806
	(?)	(?)	golden 8/2/2/2/1 sowie Stickerei um Kragen, Rabatte und Aufschlag Interimsuniform: golden 8/2/2/2/1	ebenso

Generalstab von der Infanterie

	1760	1787	1798	1806
		silbern 7/–/3/3/2 sowie Stickerei um Kragen, Rabatte, Aufschlag, Patte und Taschenklappe	silbern 8/2/2/2/1 sowie Stickerei um Kragen, Rabatte und Aufschlag Interimsuniform: silbern 8/2/2/2/1	ebenso

Generalstab von der Kavallerie
(Die Besatzmuster und ihre Anordnung sind identisch mit denen des Generalstabes von der Infanterie. Gleiches trifft auf die ebenfalls in silbern ausgeführten Besätze der Interimsuniform zu.)

Offiziere von der Armee, Infanterie und Kavallerie
(Armeeuniform) (Hier wurden keine Besatzmuster geführt.)

Besatzmusteränderungen

Vorbemerkung

Die folgende Zusammenstellung vermittelt einen Überblick, bei welchen Truppenteilen die Besatzmuster für Offiziere, Unteroffiziere und Mannschaften in dem Zeitraum von ca. 1760 bis 1806 Änderungen unterworfen waren bzw. gleich geblieben sind.

Die in der Übersicht verwendeten Worte «identisch» und «neu» verstehen sich immer im Vergleich zur vorhergehenden Jahresangabe, wobei als Ausgangspunkt 1760 anzusehen ist. Die Angabe in der 1. Spalte steht also im Vergleich zu 1760, die in der 2. Spalte zu 1787 und die in der 3. zu 1798.

Diese Einschätzung berücksichtigt die Grundform der Muster. Etwaige Größenunterschiede, individuelle Formabweichungen, durch die Sticker verursacht oder durch Modetendenzen beeinflußt, werden nicht als Änderungen bewertet.

Pro Truppenteil beziehen sich die Angaben in der ersten Zeile auf die Offiziere, in der zweiten auf die Unteroffiziere und in der dritten auf die Mannschaften.

Die Bortenbesätze der Spielleute sowie die Tressen für Unteroffiziere bleiben in der Übersicht unberücksichtigt.

I. INFANTERIE

Regimenter No. 1–60

No.	1787	1798	1806
1	jeweils innerhalb der Chargen im gesamten Zeitraum identisch		
2	jeweils innerhalb der Chargen im gesamten Zeitraum identisch		
3	Offiziersuniform im gesamten Zeitraum keine Besätze; für die anderen identisch		
4	neu	neu	identisch
	neu	neu	identisch
	identisch	neu	identisch
5	jeweils innerhalb der Chargen im gesamten Zeitraum identisch		
6	jeweils innerhalb der Chargen im gesamten Zeitraum identisch		
7	keine Besätze für alle Chargen im gesamten Zeitraum		
8	identisch	neu	identisch
	identisch	identisch	identisch
	identisch	identisch	identisch
9	jeweils innerhalb der Chargen im gesamten Zeitraum identisch		
10	neu	neu	identisch
	identisch (?)	identisch (?)	identisch
	identisch	neu	identisch
11	neu	neu	identisch
	neu	identisch (?)	identisch
	identisch	identisch	identisch
12	jeweils innerhalb der Chargen im gesamten Zeitraum identisch		
13	jeweils innerhalb der Chargen im gesamten Zeitraum identisch		
14	jeweils innerhalb der Chargen im gesamten Zeitraum identisch		
15[I]	neu	neu	identisch
	neu	identisch	identisch
	identisch	identisch (ohne Puscheln)	identisch
15[II/III]	neu	neu	identisch
	identisch	identisch	identisch
	identisch	identisch	identisch
15[I]	Interimsuniform Offiziere:		
	neu	neu	identisch
15[II/III]	neu	neu	neu (wie 1787)
16	jeweils innerhalb der Chargen im gesamten Zeitraum identisch		
17	jeweils innerhalb der Chargen im gesamten Zeitraum identisch		
18	jeweils innerhalb der Chargen im gesamten Zeitraum identisch		
19	neu	neu	identisch
	neu	identisch	identisch
	neu	identisch	identisch
20	jeweils innerhalb der Chargen im gesamten Zeitraum identisch		
21	neu	neu	identisch
	neu (?)	neu	identisch
	neu	identisch	identisch
22	jeweils innerhalb der Chargen im gesamten Zeitraum identisch		
23	neu	neu	identisch
	identisch	neu	identisch
	identisch	neu	identisch
24	jeweils innerhalb der Chargen im gesamten Zeitraum identisch		
25	jeweils innerhalb der Chargen im gesamten Zeitraum identisch		
26	neu	neu	identisch
	identisch	identisch (?)	identisch
	identisch	neu	identisch
27	Kanteneinfassungen jeweils innerhalb der Chargen im gesamten Zeitraum identisch		
28	keine Besätze für alle Chargen im gesamten Zeitraum		
29	neu	neu	identisch
	identisch	identisch (?)	identisch
	identisch	neu	identisch
30	neu	neu	identisch
	neu	neu	identisch
	neu	neu	identisch
31	für Unteroffiziere und Mannschaften im gesamten Zeitraum keine Besätze; für Offiziere ebenso, jedoch Besätze ab 1805		
32	keine Besätze für alle Chargen im gesamten Zeitraum		
33	keine Besätze für alle Chargen im gesamten Zeitraum		
34	neu	neu	identisch
	keine	neu	identisch
	keine	neu	identisch
35	neu	identisch	identisch
	keine Besätze für Unteroffiziere und Mannschaften im gesamten Zeitraum		

No.	1787	1798	1806
36	keine Besätze für alle Chargen im gesamten Zeitraum		
37	keine	neu	identisch
	keine Besätze für Unteroffiziere und Mannschaften im gesamten Zeitraum		
38	keine Besätze für alle Chargen im gesamten Zeitraum		
39	keine	neu	identisch
	keine	neu	identisch
	keine	neu	identisch
40	identisch	neu	identisch
	keine	neu	identisch
	keine	keine	neu
41	jeweils innerhalb der Chargen im gesamten Zeitraum identisch		
42	keine Besätze für alle Chargen im gesamten Zeitraum		
43	keine	neu (ab 1795)	identisch
	keine Besätze für Unteroffiziere und Mannschaften im gesamten Zeitraum		
44	identisch	neu	identisch
	neu	neu (?)	identisch
	identisch	neu	identisch
45	identisch (?)	neu	identisch
	identisch (?)	neu	identisch
	neu	neu	identisch
46	keine Besätze für alle Chargen im gesamten Zeitraum		
47	keine Besätze für alle Chargen im gesamten Zeitraum		
48	identisch	neu	identisch
	(?)	(?)	(?)
	identisch	neu	neu
49	identisch	neu	identisch
	keine	neu	identisch
	keine	neu	identisch
50	jeweils innerhalb der Chargen im gesamten Zeitraum identisch		
51	jeweils innerhalb der Chargen im gesamten Zeitraum identisch		
52	identisch	neu (?)	identisch
	keine Besätze für Unteroffiziere und Mannschaften im gesamten Zeitraum		
53	neu	neu	identisch
	keine	neu	identisch
	keine Besätze für Mannschaften im gesamten Zeitraum		
54	neu (?)	neu	identisch
	keine	neu	identisch
	keine	neu	identisch
55	neu	neu	identisch
	keine	neu	identisch
	keine Besätze für Mannschaften im gesamten Zeitraum		
56	ab 1794 keine Besätze für alle Chargen		
57	ab 1795 jeweils innerhalb der Chargen identisch		
58	ab 1797 jeweils innerhalb der Chargen identisch		
59	ab 1803 keine Besätze für alle Chargen		
60	ab 1802 keine Besätze für alle Chargen		

II. KAVALLERIE

Kürassier-Regimenter K 1–13
(Gala-Uniformen der Offiziere)

No.	1787	1798	1806
1	neu	neu	identisch
2	neu (?)	neu (?)	identisch
3	neu (?)	neu	identisch
4	neu (?)	neu (?)	identisch
5	identisch	neu	identisch
6	identisch	neu (?)	identisch
7	im gesamten Zeitraum identisch		
8	vermutlich im gesamten Zeitraum identisch		
9	neu	identisch	identisch
10	im gesamten Zeitraum identisch		
11	neu	neu	identisch
12	identisch	neu	identisch
13	neu	neu	identisch
	Interimsuniform		
	neu	neu	identisch

Dragoner-Regimenter D I–XIV

No.	1787	1798	1806
I	neu	identisch	identisch
II	identisch	neu (?)	identisch
III	identisch	neu (?)	identisch
IV	im gesamten Zeitraum identisch		
V	identisch	identisch	neu
VI	im gesamten Zeitraum identisch		
VII	identisch	neu	neu
VIII	im gesamten Zeitraum identisch, jedoch 1806 mit hängenden Quasten		
IX	identisch	identisch	neu
	für Mannschaften und Unteroffiziere im gesamten Zeitraum identisch		
X	identisch	neu	identisch
XI	identisch	neu (ab 1800)	identisch
XII	identisch	neu	identisch
XIII	mit der Errichtung 1802 Besätze		
XIV	seit der Errichtung 1803 keine Besätze		

III. TECHNISCHE TRUPPEN

Feldartillerie und reitende Artillerie

1787	1798	1806
neu	neu	identisch
neu	identisch	identisch
für Mannschaften im gesamten Zeitraum keine Besätze		

Mineur-Korps und Pontonier-Korps

1787	1798	1806
neu	neu	identisch
keine Besätze für Unteroffiziere und Mannschaften im gesamten Zeitraum		

Ingenieur-Korps

1787	1798	1806
neu	neu	identisch
keine Besätze für Unteroffiziere und Mannschaften im gesamten Zeitraum		

IV. BESONDERE KORPS

reitendes Feldjäger-Korps

1787	1798	1806
neu	identisch	identisch
keine Besätze für Unteroffiziere und Mannschaften im gesamten Zeitraum		

Kadetten-Korps

1787	1798	1806
neu	neu	identisch

V. ADJUTANTUR

1787	1798	1806
Generaladjutanten von der Infanterie		
neu	neu	identisch
Generaladjutanten von der Kavallerie		
neu	neu	identisch
Flügeladjutanten von der Infanterie		
neu	neu	identisch
Flügeladjutanten von der Kavallerie		
neu	neu	identisch
Generalquartiermeister		
neu	neu (?)	identisch
Generalstab der Infanterie		
neu	neu (?)	identisch
Generalstab der Kavallerie		
neu	neu	identisch

Liste der Regimentschefs und Garnisonen von 1797 bis 1806

(Die Teilnahme der Truppenteile an Feldzügen bzw. militärischen Maßnahmen in diesem Zeitraum wird bei der Auflistung nicht berücksichtigt.)

1. INFANTERIE-REGIMENTER

No.	Regimentschefs	Garnisonorte
1	Graf Johann Ernst von Kunheim (1792–1807)	Berlin (1796–1806)
2	Wilhelm Magnus von Brünneck (1793–1805); Ernst Friedrich Wilhelm von Rüchel (1805–1807)	Königsberg (1791–1806)
3	Johann Leopold von Thadden (1788–1800); Johann Jeremias von Renouard (1800–1807)	Halle (1796–1806)
4	Benjamin von Armandruz (1789–1797); Wilhelm Heinrich Adolph von Kalckreuth (1797–1806)	Elbing, Preußisch-Holland (1796–1799); Elbing (1800–1806)
5	Ludwig Karl von Kalckstein (1789–1800); Franz Kasimir von Kleist (1800–1806)	Magdeburg (1796–1806)
6	Friedrich Adam Dietrich von Roeder (1796–1798) Friedrich von Ingersleben (1798–1801); Karl Jacob Ludwig Le Coq, Kommandeur en Chef (1801–1806)	Potsdam
7	Karl Philipp von Owstien (1790–1806)	Stettin (1792–1806)
8	Friedrich Leopold von Rüts (1795–1806)	Warschau (1795–1806)
9	Johann Friedrich von Brehmer (1796–1802);	Duisburg, Meinertshagen (1797);
	Johann Friedrich von Schenck (1802–1806)	Hamm (1801–1802); Hamm, Bochum (1803); Hamm (1804–1806)
10	Eisbert Wilhelm Freiherr von Romberg (1788–1799); Wilhelm Albrecht von Burghagen (1799); Gottlieb Ehrenreich von Besser (1799–1803); Karl Alexander von Wedel (1803–1806)	Bielefeld (1801–1806)
11	Herzog Friedrich Karl Ludwig von Holstein-Beck (1790–1798); Ernst Siegismund von Schöning (1798–1807)	Königsberg (1796–1806)
12	Franz Kasimir von Kleist (1788–1800); Herzog Friedrich Wilhelm von Braunschweig-Öls (1800–1806)	Prenzlau (1796–1806)
13	Alexander Wilhelm von Arnim (1794–1806)	Berlin (1796–1806)
14	Prinz Georg zu Hohenlohe-Ingelfingen (1795–1803); Gottlieb Ehrenreich von Besser (1803–1807)	Goldap, Oletzko, Gumbinnen (1796–1799); Bartenstein, Schippenbeil (1800–1806)
15	König Friedrich Wilhelm III. (1797–1806)	Potsdam
16	Friedrich Wilhelm Heinrich von Hausen (1792–1799); Otto Friedrich von Diericke (1799–1806)	Rastenburg, Angerburg, Rössel (1797–1799); Braunsberg (1800–1806)
17	Karl Friedrich von Lange (1795–1802); Karl Peter von Treskow (1802–1806)	Danzig (1794–1806)

No.	Regimentschefs	Garnisonorte	No.	Regimentschefs	Garnisonorte
18	König Friedrich Wilhelm III. (1797–1806)	Potsdam (1796–1806)	38	Christian August von der Marwitz (1796–1800); Karl von Pelchrzim (1800–1806)	Neiße (1797–1806)
19	Karl Ludwig Bogislav von Götze (1794–1806); Prinz Wilhelm Friedrich von Oranien (1806)	Berlin (1764–1806)	39	Daniel Ludwig von Crousaz (1793–1800); Friedrich Wilhelm von Zastrow (1800–1806)	Posen (1796–1806)
20	Prinz Louis Ferdinand von Preußen (1795–1806)	Magdeburg (1801–1806)	40	Friedrich Wilhelm von Steinwehr (1794–1805); Dietrich Leberecht von Schimonsky (1805–1806)	Schweidnitz (1795–1806)
21	Herzog Karl Wilhelm Ferdinand von Braunschweig (1773–1806)	Halberstadt (1800–1806)	41	Karl Friedrich von Schladen (1792–1804); Karl Ernst von Lettow (1804–1806)	Minden (1801–1806)
22	Franz Otto von Pirch (1795–1806)	Stargard (1796–1806)	42	Christian Friedrich Heinrich von Plötz (1796–1806)	Warschau (1797–1806)
23	Christian Ludwig von Winning (1796–1806)	Berlin (1796–1806)	43	Graf Alexander Leopold von Wartensleben (1795–1803); Ludwig von Strachwitz (1803–1806)	Liegnitz (1796–1806)
	Johann Ludwig von Grünberg (1795–1799); August Wilhelm von Zenge (1799–1806)	Frankfurt/O. (1796–1806)	44	Franz Georg von Kunitzky (1793–1799); Ludwig von Strachwitz (1799–1803); Christian Alexander von Hagken (1803–1806)	Wesel (1796–1804); Münster (1805–1806)
25	Wichard Joachim Heinrich von Möllendorf (1782–1806)	Berlin (1791–1806)	45	Karl Philipp von Unruh (1795–1805); Johann Christian von Zweiffel (1805–1806)	Bayreuth, Kulmbach (1796–1799); Bayreuth (1800–1806)
26	Karl Leopold von Larisch (1795–1806)	Berlin (1796–1806)	46	Alexander Heinrich von Thile (1794–1806)	Warschau (1796–1806)
27	Alexander Friedrich von Knobelsdorff (1776–1800); Friedrich Wilhelm Alexander von Tschammer (1800–1806)	Stendal, Gardelegen (1800–1806)	47	Julius August von Grawert (1797–1806)	Glatz (1796–1806)
28	Graf Karl Friedrich von Klinckowström (1795–1799); Johann von Malschitzky (1799–1806)	Brieg (1797–1806)	48	Landgraf (Kurfürst) Wilhelm von Hessen-Kassel (1797–1806)	Wesel (1795–1803); Paderborn (1804–1806)
29	Balthasar Ludwig Christian von Wendessen (1782–1798); Karl von Treuenfels (1798–1806)	Breslau (1791–1806)	49	Friedrich Wilhelm von Schönfeldt (1794–1800); Friedrich Wilhelm von Müffling (1800–1806)	Neiße (1796–1806)
30	Ernst Friedrich Wilhelm von Rüchel (1793–1798); Friedrich Adrian von Borcke (1798–1806)	Stettin (1796–1806)	50	Georg von Steensen (1794–1799); Karl Wilhelm von Sanitz (1799–1806)	Cosel (1797–1799); Frankenstein (1800–1806)
31	Philipp Friedrich Leberecht von Lattorff (1792–1800); Bernhard Vollrad von Oldenburg (1800–1805); Heinrich von Kropff (1805–1806)	Warschau (1796–1806)	51	Ernst Friedrich Karl von Hanstein (1789–1803); Friedrich August von Kauffberg (1803–1806)	Danzig (1794–1806)
32	Fürst Friedrich Ludwig zu Hohenlohe-Ingelfingen (1786–1806)	Breslau (1796–1806)	52	Joachim von Reinhart (1795–1807)	Preußisch-Holland, Marienburg (1796–1797); Marienburg (1798–1799); Rastenburg, Rössel (1800–1806)
33	Franz Andreas von Favrat (1794–1804); August Ludwig von Schierstedt (1804); Ludolph August Friedrich von Alvensleben (1804–1806)	Glatz (1796–1806)	53	Graf Albert zu Anhalt (1794–1800); Wilhelm Christoph von Larisch (1800–1806)	Thorn (1796–1806)
34	Prinz Ferdinand von Preußen (1740–1806)	Ruppin (1796–1806)	54	Christian Friedrich von Mosch (1794–1799); Hans Christoph von Natzmer (1799–1806)	Graudenz, Kulm (1795–1806)
35	Prinz Heinrich von Preußen, gest. 1802 (1740–1806)	Königsberg/Neumark, Pyritz, Soldin (1795–1799); Königsberg/Neumark, Pyritz (1800–1806)	55	Ernst Johann von Manstein (1796–1806)	Bromberg, Gnesen, Inowrazlaw (1797–1799); Bromberg, Gnesen (1800–1806)
36	Georg Henning von Puttkamer (1793–1806)	Anklam (1797); Brandenburg (1798–1806)	56	Friedrich Gottlieb von Laurens (1796–1804); Graf Friedrich Bogislav Emanuel von	Ansbach, Crailsheim (1796–1797); Ansbach, Erlangen
37	Johann Rudolph Hiller von Gärtringen (1794–1799); Johann Friedrich Gustav von Stockhausen (1799–1804); Karl von Tschepe (1804–1806)	Fraustadt, Lissa, Rawitsch (1796–1799), Fraustadt, Lissa (1800–1806)			

No.	Regimentschefs	Garnisonorte
	Tauentzien (1804–1806)	(1798–1799); Ansbach, Neuenkirchen (1800–1806)
57	Friedrich August von Grevenitz (1795–1806)	Glogau (1796–1806)
58	Guillaume René de L'homme de Cour- bière (1797–1806)	Bartenstein, Preußisch-Fried- land, Schippenbeil (1797); Bartenstein (1798); Bartenstein, Preußisch- Friedland (1799); Goldap, Gumbinnen (1800–1806)
59	Graf Alexander Leopold von Wartens- leben (1803–1806)	Erfurt (1803–1806)
60	Christian Wilhelm von Chlebowsky (1802–1806)	Warschau (1802–1806)

2. FÜSILIER-BATAILLONE

No.	Regimentschefs	Garnisonorte
I	Karl Alexander von Wedel (1793–1799); Karl Gottfried Wilhelm von Carlowitz (1799–1806); Ernst Ewald Freiherr von Kayserlingk (1806–1807)	Münster (1803); Hildesheim (1804–1806)
II	Christoph Friedrich von Bila (1794–1806)	Paderborn (1803); Burg (1804–1806)
III	Leopold von Wackenitz (1797–1806)	Bialystock (1796–1806)
IV	Karl August von Greiffenberg (1794–1806)	Woklaweck (1796–1806)
V	Graf Ehrhard Gustav von Wedel (1797–1806)	Hildesheim (1803–1806)
VI	Michael Szabginsky von Rembow (1790–1806)	Stallupönen (1797–1806)
VII	Karl August von Schultz (1788–1800); Joachim Ernst von Rosen (1800–1806)	Siwiercz (1796–1799); Kreuzburg/Oberschlesien (1800–1806)
VIII	Franz Leopold Freiherr von Kloch (1795–1806)	Sieradz (1797–1799); Sieradz, Widawa (1800–1803); Sieradz (1804–1806)
IX	Hermann Christoph von Ledebur (1797–1802); Jakob Borell du Vernay (1802–1807)	Bielzk (1796–1799); Pultusk (1800–1806)
X	Karl Friedrich von Martini (1795–1802); Karl Gustav von Erichsen (1802–1806)	Breslau (1796–1806)
XI	Ernst Wilhelm von Eichler (1795–1798); Heinrich Ludwig August von Thümen (1798–1805); Karl Ludwig von Bergen (1805–1806)	Memel (1796–1806)
XII	Johann August von Eicke (1795–1805); Johann Karl von Knorr (1805–1806)	Bielsk (1797–1806)
XIII	Leopold Ludwig Maximilian von Nord- eck zu Rabenau (1794–1806)	Jauer (1796–1802); Erfurt (1803); Jauer (1804–1806)
XIV	Karl von Pelet (1794–1807)	Bunzlau (1796–1802); Mühlhausen/Thüringen (1803); Bunzlau (1804–1806)

No.	Regimentschefs	Garnisonorte
XV	Franz von Rühle (1791–1806)	Löwenberg/Schlesien (1796–1802); Erfurt (1803); Löwenberg/Schlesien (1804–1806)
XVI	Friedrich Gottwald von Oswald (1789–1806)	Petrikau (1796–1806)
XVII	Johann Christoph von Hinrichs (1788–1806)	Plock (1796–1806)
XVIII	Sigmund Heinrich von Holzschuher (1794–1800); August von Sebbe (1800–1807)	Essen (1803); Wesel (1804–1806)
XIX	Johann Viktor von Ernest (1797–1806)	Münster (1803–1806)
XX	Friedrich Adrian von Borcke (1797–1798); Philipp von Ivernois (1798–1806)	Münster (1803–1806)
XXI	August Ludwig von Stutterheim (1795–1806)	Heilsberg (1795–1806)
XXII	Friedrich Ludwig Freiherr zu Puttlitz (1797–1800); Karl Andreas von Boguslawski (1800–1806)	Neumarkt/Schlesien (1797–1806)
XXIII	Hans David Ludwig von Yorck (1797–1799); Benjamin von Schachtmeyer (1799–1806)	Johannisburg/Preußen (1797–1806)
XXIV	Friedrich Wilhelm von Bülow (1797–1806)	Soldau (1797–1806)

3. FELDJÄGER-REGIMENT ZU FUSS

Regimentschef	Garnisonorte
Friedrich Karl von Voß (1790–1800); Hans David Ludwig von Yorck (1800–1805); Ernst Heinrich von Witzleben (1805–1806)	Mittenwalde, Zossen, Beelitz, Müncheberg (1796–1797); zusätzlich Hildesheim, Paderborn (1804–1806)

4. KÜRASSIER-REGIMENTER

No.	Regimentschefs	Garnisonorte
1	Dietrich Goswin Bockum von Dolffs (1788–1805); Graf Elias Maximilian Henckel von Donnersmarck (1805–1806)	Breslau (1796–1806)
2	Peter Ewald von Malschitzky (1797–1802); Andreas Dietrich von Schleinitz (1802–1805); Karl Friedrich Hermann von Beeren (1805–1806)	Kyritz, Wusterhausen, Perleberg, Zehdenick, Wittstock, Pritzwalk, Gran- see (1791–1800); ohne Zehdenick (1801–1806)
3	August Friedrich von der Drössel (1797–1799); Ulrich Karl von Froreich (1799–1801); Hermann von Kölichen (1801–1805); Friedrich August Karl Leopold Graf von Schwerin (1805–1806)	Schönebeck, Salze, Wanz- leben, Egeln (1797); zusätzlich Kalbe (1801–1806)
4	Graf Karl Friedrich Ernst Truchseß zu Waldburg (1796–1800); Ernst Philipp von Wagenfeld (1800–1806)	Warschau (1797–1806)

No.	Regimentschefs	Garnisonorte
5	Maximilian von Mauschwitz (1780–1800); Abraham von Baillodz (1800–1806)	Treptow a. d. Rega, Körlin; Greifenberg, Wollin, Dramburg (1796–1806)
6	Karl Wilhelm von Byern (1794–1800); Christoph Heinrich von Quitzow (1800–1806)	Aschersleben, Oschersleben, Kroppenstedt (1801–1806)
7	Hans Friedrich Heinrich von Borstell (1792–1804); Heinrich August von Reitzenstein (1804–1806)	Salzwedel, Tangermünde, Osterburg, Seehausen (1801–1806)
8	Ludwig Ferdinand Friedrich von Heising (1797–1806)	Ohlau, Strehlen, Löwen, Grottkau (1796–1806)
9	Friedrich Jakob von Holtzendorff (1797–1806)	Oppeln, Krappitz, Neustadt/Oberschlesien, Falkenberg (1796–1806)
10	Karl Friedrich von Elsner (1793–1806)	Berlin (1796–1806)
11	Leibkarabinier-Regiment	Rathenow, Neuhaldensleben, Havelberg, Genthin, Sandau (1801–1806)
12	Jacob Friedrich von Berg (1796–1798); Georg Christian von Werther (1798–1803); Karl Wilhelm von Bünting (1803–1806)	Ratibor, Katscher, Loebschütz, Ober-Glogau (1797–1803); Ratibor, Loebschütz, Oberglogau, Bauerwitz (1804–1806)
13	Regiment der Garde du Corps	Potsdam, Berlin, Charlottenburg

5. DRAGONER-REGIMENTER

No.	Regimentschefs	Garnisonorte
I	Herzog Ludwig von Pfalz-Zweibrücken (1797–1799); Regiment Pfalz-Bayern (1799); Kurfürst von Pfalz-Bayern (1799–1806)	Schwedt, Schönfließ, Lippehne, Wriezen, Greifenhagen (1796–1806)
II	Wolf Moritz von Prittwitz (1797–1806)	Lüben, Raudten, Hainau, Polkwitz, Neusalz (1796–1806)
III	Hans Karl Ludolph von Strantz (1797–1800); Friedrich Wilhelm von Irwing (1800–1806)	Friedeberg/Neumark, Driesen, Arnswalde, Berlinchen (1796–1806)
IV	Friedrich Heinrich von Katte (1792–1806)	Landsberg/Warthe, Woldenberg, Bärwalde (1796–1806)
V	Markgraf Christian Friedrich Karl Alexander von Ansbach und Bayreuth (1769–1806)	Pasewalk, Gartz, Ueckermünde, Treptow, Gollnow, Massow, Naugard, Bahn (1796–1806)
VI	Philipp August Wilhelm von Werther (1790–1803); Johann Kasimir von Auer (1803–1807)	Königsberg, Wehlau, Allenburg, Darkehmnen, Labiau, Gerdauen (1800–1806)
VII	Wilhelm Friedrich von Schenck (1792–1803); Friedrich Ludwig von Pastau (1803–1805); Adrian Gottlieb von Rhein (1805–1806); Joseph Theodor Siegmund von Baczko (1806–1807)	Tilsit (1796–1806)

No.	Regimentschefs	Garnisonorte
VIII	Georg Friedrich von Bardeleben (1790–1801); Karl Gottlieb von Busch (1801–1803); Christian Karl von Esebeck (1803–1806)	Insterburg (1796–1806)
IX	Hironymus von Brückner (1792–1798); Graf Friedrich Wilhelm von Hertzberg (1798–1806)	Riesenburg, Christburg, Liebemühl, Bischofswerder, Deutsch-Eylau (1796–1801); Riesenburg, Christburg, Bischofswerder, Deutsch-Eylau, Saalfeld (1802–1806)
X	Karl Gottlieb von Busch (1795–1801); Christian Heinrich von Manstein (1801–1805); Ulrich Leberecht von Heyking (1805–1806)	Prasnicz, Mlawa, Bialla, Johannisburg, Szuczyn (1797); Prasnicz, Mlawa, Bialla, Szuczyn, Myzinicz (1798–1800); Osterode (1801); Osterode, Hohenstein, Ortelsburg, Strasburg/Westpreußen, Löbau (1802–1806)
XI	Ludwig Ernst von Voß (1793–1806); August Friedrich Erdmann von Krafft (1806–1807)	Sagan, Freystadt, Sprottau, Grünberg (1796–1806)
XII	Karl Gustav von Bieberstein (1793–1797); Karl Friedrich von Brüsewitz (1797–1806); Friedrich von der Osten (1806–1807)	Kosten, Koschmin, Kargel, Schmiegel (1797); Kosten, Schmiegel, Peisern, Karge, Koschmin (1798–1799); Kosten, Krotoschin, Peisern, Schmiegel, Meseritz (1800–1806)
XIII	Johann Stephan von Rouquette (1802–1806)	Prasznycz, Mlawa, Myczycz, Kollno, Scuczyn (1802–1806)
XIV	Georg Friedrich von Wobeser (1803–1806)	Münster, Hildesheim, Warburg, Duderstadt, Warendorf (1802–1806)

6. HUSAREN-REGIMENTER

No.	Regimentschefs	Garnisonorte
1	Anton Wilhelm von L'Estocq (1797–1803); Ernst Philipp von Gettkandt (1803–1806)	Guhrau, Trachenberg, Wohlau, Winzig, Militsch, Koeben, Steinau, Sulau (1796–1799); zusätzlich Prausnitz, Herrnstadt (1800); Wohlau, Guhrau, Trachenberg, Militsch, Koeben, Sulau, Prausnitz, Steinau, Herrnstadt, Winzig (1804–1806)
2	Friedrich Eberhard Siegmund Günther von Göckingk (1794–1805); Wilhelm Heinrich von Rudorff (1805–1806)	Berlin (1796–1802, II. Bat.) Berlin, Beeskow, Müllrose, Fürstenwalde (1803–1806)
3	Dietrich Wilhelm von Schulz (1797–1803);	Bernstadt, Constadt, Oels, Trebnitz, Wartenberg,

No.	Regimentschefs	Garnisonorte
	August Wilhelm von Pletz (1803–1806)	Pitschen, Reichthal, Festenberg, Juliusburg, Rosenberg (1796–1799); ohne Rosenberg, zusätzlich Medzibor (1800–1806)
4	Prinz Eugen von Württemberg (1797–1806)	Kempen, Ostrowo, Krzepicze, Wireschau, Zoreck, Bojaslawice, Dzialoczin, Pilicze, Wielun, Ramslau (1797–1803); ohne Krzepicze, zusätzlich Rosenberg (1804–1806)
5	Friedrich Wilhelm von Suter (1794–1804); Moritz von Prittwitz (1804–1806)	Wirballen, Neustadt, Westitten, Prenn, Sokolka, Serrey, Przeroslen, Wilschowischken, Suwalken, Kalwary, Schirwindt, Mariampol (1796–1806)
6	Erich Magnus von Wolffrath (1791–1799); Ludwig Schimmelpfennig von der Oye (1799–1807)	Gleiwitz, Beuthen, Strehlitz, Nicolai, Ujest, Peiskretscham, Pleß, Loslau, Lublinitz, Zelasno (1796–1799); ohne Zelasno, zusätzlich Rybnik (1800–1806)
7	Georg Ludwig Egidius von Köhler (1796–1806)	Kutno, Sagurowo, Kowal, Kollo, Wartha, Klodowa, Rava, Illow (1796–1797); zusätzlich Wolberzo, Szarek (1798); Kutno, Konin, Kowal, Kollo, Wartha, Stawiczin, Piontek, Scadek, Kladowa, Unjewo (1800–1806)
8	Gebhard Leberecht von Blücher (1794–1806)	Bütow, Neustettin, Belgard, Rummelsburg (1796–1801, II. Bat.); Münster (1802–1806, I. Bat.) Stolp, Rummelsburg, Belgard, Bütow, Neustettin, Schlawe (1802–1806, II. Bat.)
9	Heinrich Johann Freiherr von Günther (1788–1799); a) Korps Towarczys: Heinrich Johann Freiherr von Günther (1799–1803); Anton Wilhelm von L'Estocq (1803–1806); b) Tatarenpulk: Murza Janosch von Baranowsky (1795–1807)	Tykoczyn, Ostrolenka, Drochocyn, Zabluddo, Bransk, Wyskowa, Knyczin, Ostrow, Bocky, Lomza (1797–1799); a) Towarczys: wie vor; b) Tataren: Augustowo, Goniendz, Suchowola, Raygrod, Janowa (1796–1800); Augustowa, Goniendz, Suchowola, Raygrod, Janowa, Sokolka (1801–1803); ohne Goniendz, zusätzlich Lipsk (1804–1806)
10	Karl Ludwig von Lediwary (1797–1799);	Warschau, Gura, Neuhof, Biczun, Mzezannow, Lipno,

No.	Regimentschefs	Garnisonorte
	Friedrich Daniel von Glaser (1799–1804); Friedrich von Usedom (1804–1806)	Rypnin, Praga, Novamiasta (1797–1798); ohne Gura, zusätzlich Sciernewicze (1799); Sciernewicze, Warschau, Neuhof, Biczun, Mzezannow, Lipno, Rypin, Rawa, Racionz, Blonie (1800–1806)
11	Ansbachsches Husaren-Bataillon (1795–1806); Ernst Christian von Bila (1806)	Neustadt, Feuchtwangen, Gunzenhausen, Ansbach, Uffenheim, Troppach (1797–1806)

Husaren-Kommandos

Magdeburg dem Gouvernement Magdeburg unterstellt (1766–1806)		Magdeburg (1764–1806)
Rheinsberg/Berlin Prinz Heinrich von Preußen (1764–1802); Prinz Ferdinand von Preußen (1802–1806)		Rheinsberg (1764–1802); Berlin (1802–1806)

7. REITENDES FELDJÄGER-KORPS

Regimentschefs	Garnisonorte
Hans Rudolph von Bischoffswerder (1790–1798); Friedrich Wilhelm von Zastrow (1798–1801); Karl Leopold von Köckritz (1801–1807)	Köpenick, Berlin, Zehlendorf, Potsdam (1796–1806)

8. ARTILLERIE-REGIMENTER

No.	Regimentschefs	Garnisonorte
1	Johann Friedrich von Merkatz (1792–1806)	Berlin (1798–1806)
2	Johann Wilhelm von Leutken (1797–1803); Georg Friedrich Wilhelm von Schönermarck (1803–1806)	Breslau (1796–1806)
3	Georg Friedrich von Tempelhoff (1795–1806)	Berlin (1797–1806)
4	Alexander August von der Lochau (1792–1801); Gottfried Ludwig von Hartmann (1801–1806)	Königsberg (1798–1806)

reitendes Artillerie-Regiment

Heinrich Ernst von Hüser (1805–1806)	Königsberg, Warschau, Breslau, Berlin (1805–1806)

9. BESONDERE KORPS

Ingenieurkorps Levin von Geusau (1792–1806)	Brigaden in: Danzig, Wesel, Neiße, Schweidnitz; Kommandos in: Hameln, Halberstadt, Cosel, Glatz, Brieg, Berlin, Potsdam, Bayreuth, Südpreußen (1800–1806)
Mineurkorps	Glatz, Schweidnitz, Graudenz (1791–1806)
Pontonierkorps	Berlin, Königsberg, Glogau (1797–1806)

10. INVALIDEN

Einrichtung	Chefs	Standort
– Invaliden-Korps	Heinrich von Arnim (1791–1800); Heinrich von Valentini (1800–1807)	Invalidenhaus Berlin (seit 1748)
– Invaliden-Kompanie Werder		Werder (1738–1819)
– Invalidenhaus Rybnik		Rybnik (1790–1808)
– Kurmärkische Provinzial-Invaliden-Kompanie	von Schmettau (1788–1807)	Trebbin (1788–1805); Spandau (1806–1807)
– Magdeburgische Provinzial-Invaliden-Kompanie	von Liebermann (1788–1806)	Mansfeld (1788–1799); Mansfeld, Leimbach (1800); Mansfeld (1801–1807)
– Vorpommersche Provinzial-Invaliden-Kompanie	von Rosenberg (1791–1807)	Swinemünde (1792–1807)
– Hinterpommersche Provinzial-Invaliden-Kompanie	von Siegroth (1796–1799); von Blumenthal (1799–1807)	Labes (1796–1799); Labes, Nikolaiken (1800–1807)
– Ostpreußische Provinzial-Invaliden-Kompanie	von Unruh (1788–1807)	Tapiau (1792–1807)
– 1. Westpreußische Provinzial-Invaliden-Kompanie	Scorck (1794–1799); von Wedel (1799–1807)	Konitz (1796–1807)
– 2. Westpreußische Provinzial-Invaliden-Kompanie	Ritter (1793–1800); Garnavally (1800–1807)	Weichselmünde (1796–1807)
– 1. Südpreußische Provinzial-Invaliden-Kompanie	von Schladen (1788–1799); von Walther und Croneck (1799–1807)	Meseritz (1794–1799); Schwerin/Posen (1800); Glogau (1806–1807)
– 2. Südpreußische Provinzial-Invaliden-Kompanie	Freiherr von Ledebur (1796–1802); von Hordziwitz (1802–1807)	Czenstochau (1796–1807)
– 3. Südpreußische Provinzial-Invaliden-Kompanie	von Koeller (1799–1804); von Randow (1804–1807)	Mewe (1799–1807)
– 1. Schlesische Provinzial-Invaliden-Kompanie	von Kloeden (1796–1801); von Freyburg (1801–1807)	Neustädtel (1797–1805); Jauer (1806–1807)
– 2. Schlesische Provinzial-Invaliden-Kompanie	von Schütz (1797–1801); von Hobe (1801–1806)	Patschkau (1792–1805); Brieg (1806–1807)
– 3. Schlesische Provinzial-Invaliden-Kompanie	von Winning (1788–1804); von Steinwehr (1804–1806)	Ziegenhals (1788–1807)
– 4. Schlesische Provinzial-Invaliden-Kompanie	von Kujawa (1795–1804); von Ehrencron (1804–1807)	Habelschwerdt (1796–1800); Ottmachau (1801–1805); Habelschwerdt (1806–1807)
– 5. Schlesische Provinzial-Invaliden-Kompanie	von Hobe (1788–1801); von Steinwehr (1801–1803); Freiherr von Ledebur (1803–1806)	Habelschwerdt (1797–1800); Patschkau (1801–1805); Gombyn, Patschkau (1806–1807)
– Fränkische Provinzial-Invaliden-Kompanie	von Eyb (1797–1805); von Ciriatzy (1805–1807)	Langenzenn (1797–1805); Plassenburg (1806)
– Hannöversche Provinzial-Invaliden-Kompanie	von Hilzacker (1802–1804); Mewius (1804–1806)	Peine (1802–1806)

11. LEHRANSTALTEN

Einrichtung	Chefs	Standort
Kadettenkorps	von Beulwitz (1797–1799); unbesetzt (1799–1806); Friedrich von Lingelsheim (1806–1818); Ernst Friedrich Philipp von Rüchel, Generalinspekteur über alle Lehranstalten (1798–1805)	
– Kadettenhaus Berlin	Friedrich von Lingelsheim, Kommandeur (1798–1806); von Proeck (ab 1806)	Berlin
– Kadettenhaus Potsdam	von Perbandt, Leiter (ab 1801–1809)	Potsdam, bis 1801 dem Militärwaisenhaus angeschlossen
– Kadettenhaus Kalisch	von Schalck, Direktor (1793–1798); von Berg, Direktor (1798–1810)	Kalisch
– Kadettenhaus Kulm	Freiherr von Recke, Direktor (1794–1801); von Knobelsdorff, Direktor (1801–1807)	Kulm
– Kadettenhaus Stolp	von Proeck, Direktor (1797–1806); von Bonin, Direktor (1806–1810)	Stolp/Pommern
– Académie militaire		Berlin
– Ingenieurakademie		Potsdam
– École vétérinaire		Berlin
– Chirurgische Pépiniére	Johannes Goercke (1795–1822)	Berlin
– Militärakademie der Artillerie		Berlin
– Militär-Waisenhaus	von Kannewurff (1796–1799) von der Goltz (1799–1804) von Dietherdt (1804)	Potsdam

Anmerkungen

(1) Dabei handelt es sich nicht um eine einmalig vorgenommene Neuanschaffung bzw. Neugestaltung der Monturen aller Waffengattungen oder Einheiten, sondern um eine Vielzahl von Einzelveränderungen, deren Entwurf, Genehmigung und Einführung sich bis zum Jahr 1806 hinzogen. Die gemäß der Order vom 9. November 1805 grundlegend veränderten Uniformen, die endgültig 1807 an alle Regimenter ausgegeben werden sollten, werden im vorliegenden Buch nicht behandelt.

(2) Zölle zwischen wie auch in den Provinzen behinderten den Binnenmarkt. Für viele Gewerbe bestand noch immer der aus dem Mittelalter herrührende Zunftzwang. Handel und Gewerbe konnten sich unter diesen Bedingungen nicht frei entfalten. In den Städten wachte ein Heer von Beamten mittels eines undurchsichtigen bürokratischen Apparates über die bestehenden Zustände. Organisatorisch war die Verwaltung unübersichtlich und uneinheitlich aufgebaut. Die Provinzialbehörden nutzten die Unterschiede aus und versteiften sich auf die jeweiligen Besonderheiten, was häufig Kompetenzschwierigkeiten nach sich zog.
Das Justizwesen gestaltete sich besonders differenziert, und die häufig nicht transparenten Entscheidungen mußten den Betroffenen fragwürdig erscheinen. Auch das Allgemeine Landrecht von 1794 änderte praktisch wenig.
Oberste Verwaltungsbehörde war das Grund-, Ober-, Finanz-, Kriegs- und Domänendirektorium. Bereits durch den komplizierten Namen drückt sich aus, wie verworren die Verwaltung aufgebaut war. Es gab Provinzialbehörden für einzelne Territorien sowie sogenannte Spezialdepartements, die gesamtstaatliche Aufgaben wie die der Steuern und Zölle, der Wirtschaft und des Handels u. v. a. m. zu erfüllen hatten.

(3) Preußen – zur Sozialgeschichte des Staates, S. 81.

(4) Diese Angabe der Bevölkerungszahl schließt ca. 2,4 Millionen Polen ein, die u. a. in den Gebieten lebten, die durch die zweite (23. Januar 1792) und die dritte (24. Oktober 1795) Teilung Polens zu Preußen gehören mußten.

(5) Die Person König Friedrich Wilhelm III. erfuhr und erfährt in Veröffentlichungen größtenteils eine Einschätzung, die vordergründig oder unmittelbar auf die Niederlage von Jena und Auerstedt bzw. den nachfolgenden Zusammenbruch des altpreußischen Staates Bezug nimmt. Die an dieser Stelle vom Verfasser gemachten Ausführungen verstehen sich als Anregung. Sie sollen ferner zum besseren Verständnis für die Lage in der Armee und im Uniformierungswesen beitragen.

(6) G. W. von Raumer, Kindheits- und Jugendgeschichte des hochseligen Königs Friedrich Wilhelm III., S. 5 ff.

(7) Die Reorganisation des Preußischen Staates unter Stein und Hardenberg. Erster Teil. Bd. 1, S. 571.

(8) Vgl. Soldatisches Führertum, Bd. 3, S. 15.

(9) Vgl. A. von Janson, König Friedrich Wilhelm III. in der Schlacht, S. 28.

(10) Briefwechsel der Königin Luise mit ihrem Gemahl, Friedrich Wilhelm III. 1793–1810, Friedrich Wilhelm an Luise, Wlochy 8. August 1794, S. 179.

(11) Zitiert nach: J. von Flocken, Luise, S. 56.

(12) Es handelt sich um den Minister Johann Christoph von Wöllner, der für das Religionsedikt von 1788 und das Zensuredikt verantwortlich war, sowie um den Minister und General Hans Rudolph von Bischoffswerder, der 1792 die Kriegserklärung an Frankreich besorgt hatte.

(13) Das Edikt verbot den Vertretern der Geistlichkeit unter Strafandrohung jegliche Abweichung vom kirchlichen Dogma.

(14) Vgl. Die politischen Testamente der Hohenzollern, S. 734.

(15) Tradition in deutschen Streitkräften, S. 88.

(16) Fähnrich bedeutet eigentlich Fahnenträger. In der altpreußischen Armee bezeichnet der Fähnrich den untersten Offiziersdienstgrad. So wurden die zehn jüngsten Leutnants eines Regiments genannt. Vgl. W. Transfeldt, Wort und Brauch in Heer und Flotte, S. 61/62.

(17) Vgl. G. W. von Raumer, Kindheits- und Jugendgeschichte des hochseligen Königs Friedrich Wilhelm III., S. 32.

(18) Vgl. Soldatisches Führertum, Bd. 3, S. 15.

(19) Zu den Nichtkämpfern bzw. Nichtkombattanten der einzelnen Truppenteile zählten Unterstab, Chirurgen und Fahnenschmiede.

(20) Zur Aufteilung der Armee, die Friedrich Wilhelm III. zum Zeitpunkt der Thronbesteigung übernahm, vgl. C. Jany, Geschichte der preußischen Armee, Bd. 3, S. 352/353.

(21) A. von Crousaz, Die Organisation des Brandenburgischen und Preußischen Heeres, S. 189/190.

(22) Eine Aufstellung der zusammengefaßten Grenadier-Bataillone jeweils zweier Regimenter vgl. C. Jany, Geschichte der preußischen Armee, Bd. 3, S. 395–397; A. von Lyncker, Die Altpreußische Armee 1714–1806 und ihre Militärkirchenbücher, S. 127–133.

(23) Zur zahlenmäßigen Zusammensetzung der einzelnen Gliederungen vgl. C. Jany, Geschichte der preußischen Armee, Bd. 3, S. 373–382.

(24) Der Begriff «Füsilier» ist von dem Französischen «fusil» abgeleitet. Das wiederum bedeutet «focus» und steht im Lateinischen für Feuerstätte. Da die Gewehre mit Hilfe von Flint- oder Feuerstein gezündet wurden, erhielten sie die Bezeichnung «fusil». Der Füsilier ist also ein Flinten (Gewehr)-Träger.
König Friedrich II. von Preußen bezeichnete die unter seiner Regierung aufgestellten Regimenter im Unterschied zu den alten als Füsilier-Regimenter, obwohl es sich um normale Linieninfanterie-Regimenter handelte. Hauptsächlich bestanden sie aus Schlesiern bzw. Menschen von kleinerem Wuchs. Trotz des Namens hatten diese Regimenter die gleichen Aufgaben zu erfüllen wie die Musketiere und Grenadiere und fochten vor allem in der gleichen Kampfweise der Lineartaktik.
Erst unter König Friedrich Wilhelm II. wandelte sich in der preußischen Armee der Charakter der Füsilier-Einheiten. Neu in Bataillonen zusammengefaßt, nannten sie sich leichte Infanterie und wurden für das zerstreute Schützengefecht ausgebildet und eingesetzt.

(25) Vgl. C. Jany, Geschichte der preußischen Armee, Bd. 3, S. 376.

(26) Die 1792 gebildete Husaren-Einheit, die lt. Stammliste mit der Nr. 11 (H 11) benannt wird, bestand lediglich aus einem Bataillon.

(27) Seit 1745 gab es in der preußischen Armee Bosniaken mohammedanischen Glaubens. Unter dem Albaner Stephan Serkis wurden sie durch Übertritt aus sächsischen Diensten übernommen. Eine erste Zuordnung erfolgte beim Husaren-Regiment H 5. Ab 1762/63 wurden sie dann als selbständige Truppe unter der inzwischen freigewordenen Position des ehemaligen Husaren-Regiments H 9 geführt. In den Jahren 1799 und 1800 erfolgte ihre Umbenennung in Korps Towarczys, das sich zunehmend aus polnischen Christen aber auch aus polnisch-russischen Mohammedanern rekrutierte. Bereits ab 1795 war den Bosniaken ein Tatarenpulk aus Angehörigen des polnischen Republikheeres zugeordnet. Bei der Umwandlung der Bosniaken in Towarczys gaben die Bosniaken ihre Reserve und die Inländer an das Husaren-Regiment H 5 ab. Dafür konnten bei den Towarczys dann Polen eingestellt werden. Die Eskadron aus Tataren blieb bestehen.

(28) Die Geschütze bei den Füsilier-Bataillonen kamen 1806 nicht zum Einsatz. Vgl. Die Reorganisation der preußischen Armee nach dem Tilsiter Frieden, S. 4.

(29) Vgl. C. Jany, Geschichte der preußischen Armee, Bd. 3, S. 381/382.

(30) Vgl. Ebenda, S. 391.

(31) Vgl. Ebenda, S. 380/381.

(32) Gedanken und Vorstellungen, die sich in konkreten Plänen niederschlugen, gab es bereits vor 1803. Auf den Minister von Schrötter geht z. B.

der Vorschlag zurück, zur Entlastung der Feldarmee eine Landmiliz aufzustellen. Nach diesem aus dem Jahre 1799 stammenden Plan sollten 50–60 000 Mann «Landsturm» in West- und Ostpreußen die durch die polnischen Teilungen verlängerten Grenzen gegen Rußland und Österreich sichern helfen. Allerdings wurde er nicht Realität. Auch andere Personen verfaßten zur Milizthematik Denkschriften. Vgl. C.Jany, Geschichte der preußischen Armee, Bd.3, S.450–461; A. von Crousaz, Die Organisation des Brandenburgischen und Preußischen Heeres, S.192–194.

(33) Zum Generalstab gehörten ab 1805:
  – 1 Generalquartiermeister
  – 3 Generalquartiermeister-Leutnants
  – 6 Quartiermeister
  – 6 Quartiermeister-Leutnants
  – 15 Adjoints (Offiziere aus der Armee als Nachwuchs für den Generalstab)
  – 1 Plankammer-Direktor
  – 1 Plankammer-Inspekteur
  – im Kriegsfall 10 Jäger zu Pferde als Kolonnenführer
  Vgl. Die Reorganisation der Preußischen Armee nach dem Tilsiter Frieden, S. 5.

(34) Ausgenommen von der Militärdienstpflicht waren:
  – Vertreter des Adels
  – Beamte
  – Theologiestudenten, wenn sie Söhne von Pfarrern waren
  – Bürger jüdischen Glaubens
  – Vertreter des Bürgertums (ab bestimmter Vermögenshöhe)
  – Tuchmacher
  – Künstler
  – Gelehrte
  – Offizierssöhne
  – bestimmte Städte
  – ausgesuchte Provinzen

(35) Wie bei den anderen Regimentern verfahren wurde, vgl. C.Jany, Geschichte der preußischen Armee, Bd.3, S.446.

(36) Der Sold für die Truppeneinheiten fiel nicht einheitlich aus. Angehörige der Garde, Jäger und Geschützführer der Artillerie erhielten drei Taler monatlich. Gemeine des Regiments Garde du Corps und vom Regiment Gensdarmes standen vier Taler zu. Andere Kavalleristen bekamen je nach Truppenteil drei oder zweieinhalb Taler.

(37) Frhr. von Vechelde, Tagebuch des Generals v. Wachholtz, S.63/64

(38) Der Weg zum Offizier verlief wie folgt: Nicht unter 8 Jahren traten die adligen Kinder, die stammrollenmäßig bei den Truppenteilen erfaßt waren, in die Kadettenanstalten Culm, Stolp, Kalisch, Berlin oder Potsdam ein. Die in Potsdam war dem Militärwaisenhaus angeschlossen. Der Anstaltsort richtete sich nach der regionalen Herkunft der Kinder. In dieser Art Voranstalten

verblieben sie vier Jahre und kamen dann ab 12 Lebensjahren für weitere vier Jahre an die Berliner Anstalt (sie galt als Hauptanstalt, übte aber auch die Funktion einer Voranstalt aus). Nach dieser Ausbildungzeit kam der Kadett als Gefreitenkorporal in die Truppe, und sein eigentlicher Weg zum Offizier konnte beginnen. Nur die besten gingen als Fähnriche von den Anstalten ab. Den begabtesten und allerbesten Kadetten stand der Weg zur Militärakademie für sechs Jahre offen. Hier beendete man die Ausbildung als Fähnrich.
Aus sozialen Gründen waren diese Lehranstalten dem ärmeren Adel vorbehalten. Kinder des reicheren Adels konnten nicht sofort in die Anstalten eintreten. Als Pensionäre kamen sie auf eine Warteliste. Wurde eine Stelle frei oder blieb unbesetzt, so konnte eines dieser Kinder nachrücken, vorausgesetzt, die Eltern hatten das Eintrittsgeld bezahlt. Dieses war bei den Ärmeren nicht zu entrichten.

(39) Bei den anderen Dienstgraden sahen die monatlichen Bezüge wie folgt aus:
  – Premierleutnant = 15 Taler und 18 Groschen
  – Stabskapitän = 15 Taler und 18 Groschen und zusätzlich 3–5 Taler vom Regimentschef, da er dessen Kompanie führt
  – Kompaniechef seit 1787 = 66 Taler und 16 Groschen
  Stabsoffiziere erhielten die gleiche Summe, aber zusätzlich die sogenannten Stabstraktamente:
    – 3. und 2.Major = 9 Taler und 4 Groschen
    – ältester Major = 18 Taler und 8 Groschen
    – Oberstleutnant und Regimentskommandeur = 27 Taler und 12 Groschen
    (die Angaben beziehen sich auf die Infanterie)

(40) H.Schnitter, Zur Funktion und Stellung des Heeres im feudalabsolutistischen Militarismus in Brandenburg-Preußen, S.312.

(41) Die einzelnen Truppenteile gaben an den Prinzen Friedrich Wilhelm hauptsächlich große Monturstücke ab. Im Jahre 1882 kamen diese Sammlungsstücke an das Königliche Zeughaus in Berlin. Bedeutende Teile überdauerten den zweiten Weltkrieg und zählten ab 1952 zum Militaria-Bestand des im Zeughausgebäude bis 1990 untergebrachten Museums für Deutsche Geschichte (MfDG).

(42) Friedrich Wilhelm (II.) war in zweiter Ehe mit Friederike Luise von Hessen-Darmstadt (1751–1805) verheiratet. Sie war die Tochter des regierenden Landgrafen Ludwig IX. Der erstgeborene Sohn dieser Ehe war Friedrich Wilhelm (III.).

(43) Die handschriftlich ausgeführten Inventare bestehen aus drei Bänden und werden in der Landesbibliothek in Darmstadt aufbewahrt. Vgl. H.Bleckwenn, Urkunden und Kommentare, S. 1 ff.

(44) Die Bezeichnungen für das Infanterie-Regiment No. 18 wechselten im Laufe der Jahre. Von 1786 bis 1790 stand der Truppe König Friedrich Wilhelm II. als Chef vor, und es führte den Namen «Regiment von Preußen». Von 1790 bis 1797 hieß es «Regiment Kronprinz», und Chef war Kronprinz Friedrich Wilhelm (III.). Nach der Thronbesteigung blieb er Chef, und die Einheit führte den Namen «Regiment des Königs» bis zur Auflösung im Oktober 1806.

(45) Zitiert nach: H.Bleckwenn, Urkunden und Kommentare, S.227/228.

(46) Alle Fragen und Aufgaben der Bekleidung und Bekleidungsökonomie liefen in einer Zentralbehörde der Militärverwaltung zusammen, der Georg Detlev von Massow (1686–1761) vorstand. Diese bestand auch nach seinem Tode fort. Vgl. H.Bleckwenn, Unter dem Preußen-Adler, S.92.

(47) Vgl. G.Krause, Altpreußische Militärbekleidungswirtschaft, S.145–147.

(48) Vgl. Ebenda, S.149.

(49) Zitiert nach: Ebenda, Anlage P, S.345.

(50) Vgl. Ebenda, S.147.

(51) Aus dem Tagebuche des Generals von Wachholtz, S.68.

(52) H.von Boyen, Denkwürdigkeiten und Erinnerungen, Bd. 1, S.163.

(53) Ebenda, S.161.

(54) Es handelt sich um in künstlerischer Manier ausgeführte Kavalleriedarstellungen. Diese stammen aus den Jahren 1721 und 1724.

(55) Unter den aufgeführten Arten handelt es sich um:
  – **Schematismen;** Die Uniformteile, meist Rock, Weste und Kopfbedeckung waren für die einzelnen Truppenteile nach gleichem Muster und Maßstab in einheitlicher Manier schemenhaft so dargestellt, daß die unterschiedlichen Ausschmückungselemente und Farben eingesetzt werden konnten.
  – **Farbkataloge;** Vollkommen abstrahierte Umsetzung der Uniform in ihren wesentlichen Teilen in kastenförmige Rubriken, in die nach einem zuvor festgelegtem System die entsprechenden Farben gegeben wurden. Auch die unterschiedliche Linien- und Punktschraffur (ähnlich der Heraldik) kam zur Anwendung.
  – **Bilderhandschriften;** Figürliche Uniformdarstellungen, die in Einzelanfertigung von Hand gemalt wurden.
  – **Bilderserien;** Ebenfalls figürliche Uniformdarstellungen, jedoch in Serienausführung angefertigt. D.h. der Künstler entwarf je nach Umfang des Werkes einige in der Körperhaltung abweichende Grundfiguren, die sich dann in der Blattfolge gemischt oder abwechselnd wiederholen. Bei der Farbgebung wurden die Extras und Unterschiede eingesetzt.

(56) Mit der Bezeichnung «Oktavformat» wird die Größe des Werkes umschrieben, die in der Höhe

des Einbandes gemessen wurde: Bei der vorliegenden Publikation beträgt sie 19,5 cm und liegt somit im Oktavbereich (18,5 cm–22,5 cm), der auch mit 8° angegeben werden kann.

(57) Bei dem vorliegenden Exemplar schlüsseln sich die typisierten Figuren wie folgt auf:
  – Königliche Suite:
    12 Blatt zweifiguriger Darstellungen in zwei typisierten Varianten; 1 Blatt in einzelfiguriger Darstellung
  – Infanterie-Regimenter:
    59 Blatt zweifiguriger Darstellungen in vier typisierten Varianten; 1 Blatt in zweifiguriger Darstellung entspricht einer Variante der Königlichen Suite; 1 Blatt in zweifiguriger Darstellung ist eine Variante, die sich nur bei der berittenen Artillerie wiederholt
  – Leichte Infanterie (Feldjäger zu Fuß):
    1 Blatt in zweifiguriger Darstellung ist eine Einzelvariante, die sich nicht wiederholt
  – Leichte Infanterie (Füsiliere):
    8 Blatt in zweifiguriger Darstellung in einer Variante, die sich nicht wiederholt
  – Artillerie-, Pontonier- und Mineurkorps:
    1 Blatt in zweifiguriger Darstellung entspricht einer Variante der Infanterie-Regimenter
  – Berittene Artillerie:
    1 Blatt in zweifiguriger Darstellung, die der Variante des Infanterie-Regiments No. 58 entspricht
  – Ingenieur-Korps:
    1 Blatt in zweifiguriger Darstellung entspricht einer Variante der Königlichen Suite
  – Mineur-Korps:
    1 Blatt in zweifiguriger Darstellung entspricht einer Variante der Infanterie-Regimenter
  – Militärschule und Kadetten-Korps:
    1 Blatt in dreifiguriger Darstellung als Einzelvariante, die sich nicht wiederholt

  – Feldjäger-Korps zu Pferde:
    1 Blatt in zweifiguriger Darstellung entspricht einer Variante der Königlichen Suite
  – Invaliden-Korps:
    2 Blatt zweifigurige Darstellungen entsprechen beide einer Variante der Infanterie-Regimenter
  – Kürassier-Regimenter:
    13 Blatt in zweifiguriger Darstellung einer Variante, die sonst im Werk nicht weiter vorkommt
  – Gala-Uniform der Kürassier-Offiziere:
    8 Blatt zweifigurige Darstellungen entsprechen einer Variante der Königlichen Suite
  – Dragoner-Regimenter:
    13 Blatt zweifiguriger Darstellungen in einer Variante, die sonst im Werk nicht weiter vorkommt
  – Husaren-Regimenter:
    12 Blatt zweifiguriger Darstellungen in einer Variante; 1 Blatt in zweifiguriger Darstellung als Einzelvariante, die sonst nicht vorkommt
  – Towarczys:
    2 Blatt zweifiguriger Darstellungen in einer Variante, die sonst nicht vorkommt
  – Unterstab:
    2 Blatt zweifiguriger Darstellungen in zwei Varianten, die je einer der Varianten der Königlichen Suite entsprechen.

(58) Bei den Dessauer Spezifikationen handelt es sich um schematische Darstellungen, die in je zwei Exemplaren angefertigt worden sind. Initiator war der Fürst Leopold von Anhalt-Dessau, der je ein Werk an König Wilhelm I. übergab und je eines selbst behielt. Die erste Spezifikation von 1729 zeigte für die Regimenter die Montur und den Hut des Gemeinen sowie die Fahne des entsprechenden Truppenteils. In ausführlicher Form enthielten die Blätter regimentsgeschicht-

liche Angaben. Die zweite von 1737 ist ein uniformkundliches Werk, stellt sie doch für die Truppenteile in schematischer Form die Röcke für die einzelnen Chargen einschließlich des Spielmanns, die Grenadier- oder Füsiliermütze sowie die Fahne vor.

(59) Vgl. G. Krause, Altpreußische Militärbekleidungswirtschaft, S. 192 ff.; E. Thiel, Geschichte des Kostüms, S. 260 ff. und 303 ff.
(60) Äußere Eleganz des preußischen Militärs, S. 136.
(61) Ebenda.
(62) G. Krause, Altpreußische Militärbekleidungswirtschaft, S. 179/180.
(63) Es handelt sich um Veränderungen bei folgenden Infanterie-Regimentern: No. 4; 10; 11; 19; 23; 26; 29; 30; 31; 34; 37; 39; 40; 44; 45; 49; 53; 54; 55; 56 und 57. Kleinere Änderungen wurden zusätzlich für folgende Regimenter festgelegt: No. 12; 21; 35; 46 und 48. Vgl. H. Bleckwenn, Urkunden und Kommentare, S. 229–233.
(64) Vgl. Ebenda, S. 235 ff.
(65) Vgl. Ebenda, S. 252; C. Jany, Geschichte der Preußischen Armee, Bd. 3, S. 475; C. Kling, Geschichte der Bekleidung, Bewaffnung und Ausrüstung des Königlich Preußischen Heeres, 1. Teil, S. 11, S. 255 ff.
(66) Im Jahre 1803 erhielten das Husaren-Regiment H 6 hellblaue Hosen und danach die Regimenter H 11, H 3 und H 10 in dunkelblau ebenfalls mit Schnurbesatz nach ungarischer Art.
(67) Seitdem ist das Karmoisinrot die generalstabstypische Farbe in der preußischen Armee. Von der Reichswehr und der Wehrmacht wurde diese Farbe ebenfalls übernommen. Auch in der Bundeswehr knüpfte man an diese Tradition an. Kragenspiegel und Schulterklappen der Generalstabsoffiziere sind heute noch karmoisinrot unterlegt.

Literaturverzeichnis

Accurate Vorstellung der sämtlichen Koeniglich Preussischen Armee Worinnen zur eigentlichen Kenntnis der Uniform von jedem Regimente ein Officier und Gemeiner in Völliger Montirung und ganzer Statur nach dem Leben abgebildet sind. Nebst beigefügter Nachricht 1.) von der Stiftung. 2.) Denen Chefs. 3.) der Stärke und 4.) der in Friedenszeiten habenden Guarnisons jedes Regiments. Hrsg. u. gezeichnet I. C. v. S.(chmalen), Nürnberg o. J. (1777)

Alt, von: Geschichte der Königl. Preußischen Kürassiere und Dragoner seit 1619 resp. 1631–1870, Neudruck der Ausgabe Berlin 1870, Krefeld 1970

Äußere Eleganz des preußischen Militärs. In: Zeitschrift für Heereskunde, Berlin Jg. 1971, S. 136

Bailleu, Paul: Königin Luise als Braut. In: Hohenzollern-Jahrbuch. Forschungen und Abbildungen zur Geschichte der Hohenzollern in Brandenburg-Preußen. Hrsg. Paul Seidel, 5. Jg. 1901, Berlin und Leipzig, S. 1–30

– Vor hundert Jahren. In: Hohenzollern-Jahrbuch. Forschungen und Abbildungen zur Geschichte der Hohenzollern in Brandenburg-Preußen. Hrsg. Paul Seidel, 1. Jg. 1897, Berlin und Leipzig, S. 126–138

Behrend, Fritz: Kronprinz Friedrich Wilhelm (III.) Kampagne in Frankreich 1792. In: Hohenzollern-Jahrbuch. Forschungen und Abbildungen zur Geschichte der Hohenzollern in Brandenburg-Preußen. Hrsg. Paul Seidel, 16. Jg. 1912, Berlin und Leipzig, S. 228–234

Bleckwenn, Hans: Unter dem Preußen-Adler, München 1978

– Urkunden und Kommentare zur Entwicklung der altpreußischen Uniform als Erscheinungsbild und gesellschaftliche Manifestation, Teil I, Band 1 der

Reihe: Das altpreußische Heer, Erscheinungsbild und Wesen 1713–1807, Osnabrück 1971

Bluth, Oskar: Uniform und Tradition, Berlin 1956

Boyen, Hermann von: Denkwürdigkeiten und Erinnerungen 1771–1813, 2 Bde., 2. Auflage, Stuttgart o. J.

Brand, Karl-Hermann Freiherr von/Helmut Eckert: Kadetten. Aus 300 Jahren deutscher Kadettenkorps. Bd. 1, München 1981

Briefwechsel der Königin Luise mit ihrem Gemahl Friedrich Wilhelm III. 1793–1810. Hrsg. von Karl Griewank, Leipzig 1929

Crousaz, A. von: Die Organisation des Brandenburgischen und Preußischen Heeres von 1640 bis 1863, Anclam 1865

Das deutsche Soldatenbuch. Deutschlands Wehr und Waffen im Wandel der Zeiten – von den Germanen bis zur Gegenwart. Ein Ehrenbuch zur Erinnerung an Deutschlands Wehrhaftigkeit. Hrsg. F. W. Deiß, 2 Bde., Berlin 1928

Der bunte Rock in Preußen. Militär- und Ziviluniformen 17. bis 20. Jahrhundert in Zeichnungen, Stichen und Photographien aus dem Bestand der Kunstbibliothek Berlin. Ausstellungskatalog, Berlin 1981

Deutsche Geschichte in zwölf Bänden, Bd. 4: Die bürgerliche Umwälzung von 1789 bis 1871, Berlin 1984

Die Geschichte des deutschen Unteroffiziers. Hrsg. Reichstreuebund ehemaliger Berufssoldaten, Berlin 1939

Die politischen Testamente der Hohenzollern. Bearbeitet von Richard Dietrich. In: Veröffentlichungen aus den Archiven Preußischer Kulturbesitz 20, Köln, Wien 1986

Die Reorganisation der Preußischen Armee nach dem Tilsiter Frieden, Berlin o. J.

Die Reorganisation des Preußischen Staates unter Stein und Hardenberg. Hrsg. von Georg Winter. Erster Teil: Allgemeine Verwaltungs- und Behördenreform. Bd. 1: Vom Beginn des Kampfes gegen die Kabinettsregierung bis zum Wiedereintritt des Ministers vom Stein. Aus der Reihe: Publikationen aus den Preußischen Staatsarchiven 93, Leipzig 1931

Eylert, Rulemann Friedrich: Zwischen Hamm und Potsdam. Ausgewählter Nachdruck der «Charakterzüge und historischen Fragmente aus dem Leben König Friedrich Wilhelm III.», Band 1 der Reihe: Quellen und Schriften zur Militärgeschichte. Hrsg. Bernd Hüttemann, Paderborn 1988

Fehlig, Ursula. Mode gestern und heute. Ein kulturgeschichtlicher Abriß, Leipzig 1982

Flocken, Jan von: Luise. Eine Königin in Preußen. Biografie, Berlin 1989

Förster, Gerhard: Die Entwicklung der Uniformen. In: Visier – Zeitschrift für Sportschießen und Waffenkunde, 3/1979, S. 16/17

–/Peter Hoch/Reinhold Müller: Uniformen europäischer Armeen, Berlin 1978

Gallerie der Länder oder Geschichte der merkwürdigsten Staaten Europas, 1. Theil. Brandenburgische Geschichte, Berlin 1804

Handbuch für Heer und Flotte. Hrsg. von Georg von Alten. Bd. 4, Berlin, Leipzig, Wien, Stuttgart 1912

Helmert, Heinz/Werner Knoll/Helmut Schnitter: Forschungen zur Militärgeschichte. In: Zeitschrift für Geschichtswissenschaft. Sonderband, Berlin 1970

Janke, Wolfgang: Uniformkundliche Angaben 1798. In: Zeitschrift für Heeres- und Uniformkunde, Berlin Jg. 1958, S. 43–45

Janson, August von: König Friedrich Wilhelm III. in der Schlacht, Berlin 1907

Jany, Curt: Geschichte der preußischen Armee vom 15. Jahrhundert bis 1914. Bd. 3, Neudruck, Osnabrück 1967

Keubke, Klaus-Ulrich/Helmut Schnitter: Adolph Menzel und das Heer Friedrich II. von Preußen, Berlin 1991

Kleidung zwischen Tracht und Mode. Aus der Geschichte des Museums 1889–1989. Ausstellungskatalog des Museums für Völkerkunde, Berlin 1989

Klemm, H.: Die historische Entwicklung der Zuschneidekunst. In: Vollständiges Handbuch der höheren Bekleidungskunst für Civil, Militair und Livreen, 26. Auflage, Dresden 1870

Kling, Carl: Geschichte der Bekleidung, Bewaffnung und Ausrüstung des Königlich Preußischen Heeres, 3 Bde., Bd. 1: Die Infanterieregimenter, Weimar 1902; Bd. 2: Die Kürassier- und Dragonerregimenter, Weimar 1906; Bd. 3: Die leichte Infanterie oder die Füsilierbataillone und die Jäger, Weimar 1912

Knötel, Richard: Handbuch der Uniformkunde. Die militärische Tracht in ihrer Entwicklung bis zur Gegenwart. Fortgeführt von Herbert Knötel (d. J.) und Herbert Sieg, 3. Auflage, Hamburg 1937

Köhler, Bruno: Allgemeine Trachtenkunde, 2 Bde., Leipzig o. J.

Königin Luise. Briefe und Aufzeichnungen. Hrsg. Karl Griewank, Leipzig o. J. (1924)

Kraus, Jürgen: Vom bunten Rock zum Kampfanzug. Uniformentwicklung vom Dreißigjährigen Krieg bis zur Gegenwart, Bd. 9 der Reihe: Veröffentlichungen des Bayerischen Armeemuseums, Ingolstadt 1987

Krause, Gisela: Altpreußische Militärbekleidungswirtschaft. Materialien und Formen, Planung und Fertigung, Wirtschaft und Verwaltung, Teil VII, Bd. 1 der Reihe: Das altpreußische Heer, Erscheinungsbild und Wesen 1713–1807, Osnabrück 1983

– Altpreußische Uniformfertigung als Vorstufe der Bekleidungsindustrie, Hamburg 1965

Kuczynski, Jürgen: Geschichte des Alltags des deutschen Volkes. Studien, Bd. 2: 1650–1810, Berlin 1981

Kurth, Willi: Die Mode im Wandel der Zeiten, Berlin 1929

Lezius, Martin: Das Ehrenkleid des Soldaten. Eine Kulturgeschichte der Uniform von ihren Anfängen bis zur Gegenwart, Berlin o. J. (1936)

Lyncker, Alexander von: Die Altpreußische Armee 1714 bis 1806 und ihre Militärkirchenbücher, Bd. 1 der Reihe: Schriften der Reichsstelle für Sippenforschung, Berlin 1937

Mente: Abzeichen und Ausrüstung der preußischen Artillerie 1756–1814. In: Gesellschaft für Heereskunde – Mitteilungen, Berlin Jg. 1929, S. 42/43

Merta, Klaus-Peter: Die Uniformierung, Bd. 2 der Reihe: Das Heerwesen in Brandenburg und Preußen von 1640 bis 1806, Berlin 1991

Mitteilungen zur Geschichte der militärischen Tracht. Beilagen zum III.–XVIII. Band der Uniformkunde. Hrsg. Richard und Herbert Knötel, Neudruck der Ausgaben Rathenow 1892 ff., Stuttgart 1980

Mollo, John: Die bunte Welt der Uniform. 250 Jahre militärische Tracht, Stuttgart 1972

Ortenburg, Georg/Ingo Prömper: Preußisch-Deutsche Uniformen von 1640–1918, München 1991

Pelet-Narbonne, G. von: Geschichte der Brandenburgisch-Preußischen Reiterei von den Zeiten des Großen Kurfürsten bis zur Gegenwart, Bd. 1, Berlin 1908

Preußen – zur Sozialgeschichte des Staates. Eine Darstellung in Quellen, Bd. 3 der Reihe: Preußen – Versuch einer Bilanz. Ausstellungskatalog, Berlin 1981

Rangliste der Königlich-Preußischen Armee für das Jahr 1797, Berlin o. J.

Rangliste der Königlich-Preußischen Armee für das Jahr 1806, Neudruck der 2. Auflage Berlin 1828, Osnabrück 1976

Raumer, Georg Wilhelm von: Kindheits- und Jugendgeschichte des hochseligen Königs Friedrich Wilhelm III. Majestät. In: Berliner Kalender 19, 1845

Schnitter, Helmut/Thomas Schmidt: Absolutismus und Heer. Zur Entwicklung des Heerwesens im Spätfeudalismus. Militärhistorische Studien 25, Neue Folge, Berlin 1987

– Zur Funktion und Stellung des Heeres im feudalabsolutistischen Militarismus in Brandenburg-Preußen (17./18. Jahrhundert). In: Zeitschrift für Militärgeschichte, 3/1971, S. 306–314

Soldatisches Führertum. Hrsg. von Kurt Priesdorff, Bd. 3, Hamburg 1937

Stammliste aller Regimenter und Corps der Königlich-Preußischen Armee, 7., verbesserte Auflage, Berlin 1802

Thiel, Erika: Geschichte des Kostüms. Die europäische Mode von den Anfängen bis zur Gegenwart, Berlin 1980

Transfeldt, Walter: Wort und Brauch in Heer und Flotte, Stuttgart 1986

Vechelde, Frhr. von: Tagebuch des Generals von Wachholtz, Braunschweig 1843

Vehse, Eduard: Geschichte des preußischen Hofs und Adels und der preußischen Diplomatie. Fünfter Theil. Aus der Reihe: Geschichte der deutschen Höfe seit der Reformation. Erste Abtheilung, fünfter Theil. 5. Band, Hamburg 1851

Waffen und Uniformen in der Geschichte. Ausstellung des Museums für Deutsche Geschichte, Berlin 1957

Wörterbuch zur deutschen Militärgeschichte, 2 Bde., Berlin 1985